Kauderwelsch

Band 85

Warum Spanisch für Venezuela?

Spanisch ist die offizielle Landessprache von 18 Staaten Lateinamerikas. Jedoch unterscheidet sich das Spanisch der Neuen Welt, genauer gesagt das **Castellano** - also jene Sprache, die ursprünglich in Kastilien gesprochen wurde -, von dem Spanisch Spaniens. Ein hervorstechender Unterschied ist beispielsweise der Wegfall des spanischen **vosotros** (ihr); statt dessen wird **ustedes** (sie) verwendet. Dadurch bedingt, entfällt auch die Verbform für "ihr".

Darüber hinaus haben sich in jedem lateinamerikanischen Land mit Castellano als Landessprache spezifische Besonderheiten herausgebildet, die nicht nur die Aussprache betreffen, sondern vor allem den Wortschatz und einige grammatikalische Details. Hinzu kommt der Einfluß von Indiosprachen, die je nach Verbreitung die jeweilige Landessprache bereichert haben.

In vielen vergleichbaren Situationen drückt sich ein Venezolaner also anders aus als ein Guatemalteke, ein Argentinier anders als ein Mexikaner.

Der Kauderwelsch-Band "**Spanisch für Venezuela**" trägt diesen Feinheiten und sprachlichen Besonderheiten Rechnung. Er richtet sich sowohl an diejenigen, die noch keine Spanisch-Vorkenntnisse haben, als auch an jene, die vor allem etwas über typische Bezeichnungen und Ausdrucksweisen Venezuelas wissen möchten, um sich im Land entsprechend zu verständigen.

Weitere Kauderwelsch-Bände für Lateinamerika

Spanisch für Lateinamerika
Spanisch für Argentinien
Spanisch für Guatemala
Spanisch für Mexiko (in Vorbereitung)
Brasilianisch für Globetrotter
Quechua für Peru-Reisende
Patois für Jamaika

Kauderwelsch

Spanisch für Venezuela

Olivia Gordones
Diethelm Kaiser

Kauderwelsch Band 85
Spanisch für Venezuela
von Olivia Gordones und Diethelm Kaiser

Peter Rump Verlags- und
Vertriebsges. mbH
Hauptstraße 198
D-33647 Bielefeld

1. Auflage 1993
ISBN 3-89416-276-7

Gestaltung:
Peter Rump (Umschlag)
Christa Drillich (Innenteil)

Bearbeitung:
Claudia Schmidt

Fotos:
die Autoren

Druck, Bindung:
Fuldaer Verlagsanstalt GmbH, Fulda

PRINTED IN GERMANY

Inhalt

Kauderwelsch - Sprechführer sind anders!

Warum? Weil sie Sie in die Lage versetzen, wirklich zu sprechen und die Leute zu verstehen.

Wie wird das gemacht? Abgesehen von dem, was jedes Sprachbuch bietet, nämlich Vokabeln, Beispielsätze etc., zeichnen sich die Bände der Kauderwelsch-Reihe durch folgende Besonderheiten aus.

- Die **Grammatik** wird in einfacher Sprache so weit erklärt, daß es möglich wird, ohne viel Paukerei mit dem Sprechen zu beginnen, wenn auch nicht gerade druckreif.
- Alle Beispielsätze werden doppelt ins Deutsche übertragen: zum einen **Wort-für-Wort,** zum anderen in "ordentliches" Hochdeutsch. So wird das fremde Sprachsystem sehr gut durchschaubar. Denn in einer fremden Sprache unterscheiden sich z. B. Satzbau und Ausdrucksweise recht stark vom Deutschen. Ohne diese Übersetzungsart ist es so gut wie unmöglich, einzelne Wörter in einem Satz auszutauschen.
- Die **Autorinnen** und **Autoren** der Reihe sind Globetrotter, die die Sprache im Land selbst gelernt haben. Sie wissen daher genau, wie und was die einfachen Leute auf der Straße sprechen. Deren Ausdrucksweise ist nämlich häufig viel einfacher und direkter als z. B. die Sprache der Literatur.
- Besonders wichtig sind im Reiseland die **Körpersprache, Gesten, Zeichen und Verhaltensregeln,** ohne die auch Sprachkundige kaum mit Menschen in guten Kontakt kommen. In allen Bänden der Reihe wird darum besonders auf diese Art der nonverbalen Kommunikation eingegangen.

Kauderwelsch-Sprachführer sind keine Lehrbücher, aber viel mehr als Sprachführer! Wenn Sie ein wenig Zeit investieren und einige Vokabeln lernen, werden Sie mit ihrer Hilfe in kürzester Zeit Informationen bekommen und Erfahrungen machen, die "taubstummen" Reisenden verborgen bleiben.

Vorwort

Venezuela ist erst vor einigen Jahren für ein breiteres Publikum als Urlaubsziel und Reiseland entdeckt worden. Touristisch erschlossen sind aber bis heute nur einige wenige Städte und Regionen vornehmlich an der Karibikküste. Weite Teile des landschaftlich sehr abwechslungsreichen Staates im Norden des südamerikanischen Kontinents sind nach wie vor unberührt von den nicht nur segensreichen Auswirkungen des Massentourismus.

Das hat unter anderem auch zur Konsequenz, daß man, von ganz wenigen Orten abgesehen, an denen man Englisch oder Deutsch spricht, zumindest über einige Spanischkenntnisse verfügen muß, um zurechtzukommen. Das gilt natürlich in erster Linie für Globetrotter, die sich ihren individuellen Weg suchen; aber auch Gruppenreisende werden schnell merken, daß sie von der einheimischen Bevölkerung ganz anders angenommen werden, wenn sie sich um die Landessprache bemühen. Je mehr man von ihr versteht, desto besser wird man das Land kennenlernen, desto häufiger werden sich Kontakte herstellen und um so eher werden eigene Erfahrungen möglich, die jenseits vorgefertigter Klischees liegen.

Dieser Kauderwelsch-Band ist sowohl für jene gedacht, die bislang überhaupt kein Spanisch sprechen, als auch für Personen, die speziell etwas wissen wollen über Begriffe, Ausdrucksweisen und Verständigungsmöglichkeiten, die typisch für Venezuela sind. Da sich die Erläuterungen und Beispiele, insbesondere im Konversationsteil, an den charakteristischen Verhältnissen dieses Landes orientieren, werden mit den sprachlichen Gegebenheiten zugleich auch vielfältige landeskundliche Informationen übermittelt.

Wir hoffen, daß Sie sich mit Hilfe dieses Sprachführers verständnisvoll und zungenfertig in allen Situationen des touristischen Alltags zurechtfinden mögen, und wünschen Ihnen einen angenehmen Aufenthalt in Venezuela!

Olivia Gordones und Diethelm Kaiser

Hinweise zur Benutzung

Ziel dieses Sprachführers ist, dem Benutzer so schnell wie möglich Verständigungsmöglichkeiten in der ihm zunächst fremden Sprache zu eröffnen. Um dies zu erreichen, werden nicht nur die elementaren Grundmuster der Sprache erläutert, sondern auch die Prinzipien deutlich gemacht, nach welchen die einfachen Muster variiert und ergänzt werden können.

Der **Grammatikteil** will zunächst mit den wesentlichen Regeln des in Venezuela gesprochenen Spanisch vertraut machen. Viele grammatikalische Erscheinungen, zumal Ausnahmen und sprachliche Feinheiten, müssen bei dieser knappen Darstellung naturgemäß unberücksichtigt bleiben. Aber auch so bietet dieser Abschnitt genügend Stoff, der sicher nicht bei einmaligem Durchgang zu bewältigen, sondern wohl eher Schritt für Schritt unter ständiger Bezugnahme auf den Konversationsteil zu erarbeiten ist. Wer sich intensiver mit der Grammatik des Spanischen beschäftigen will, kann auf die in großer Zahl vorhandenen einschlägigen Lehrbücher (zum Spanisch allgemein) zurückgreifen.

Der **Konversationsteil** ist in Abschnitte untergliedert, die auf die verschiedensten Situationen Bezug nehmen, in die der Reisende bei einem Aufenthalt in Venezuela kommt.

Jede Sprache hat ein typisches Satzbaumuster. Um die sich vom Deutschen unterscheidende Wortfolge spanischer Sätze besser durchschauen zu können, ist die **Wort-für-Wort-Übersetzung** in etwas kleinerer Schrift hinzugefügt. Jedem spanischen Wort entspricht ein Wort in der Wort-für-Wort-Übersetzung. Wird *ein* spanisches Wort im Deutschen durch *zwei* Wörter wiedergegeben, werden diese zwei Wörter in der Wort-für-Wort-Übersetzung mit einem Bindestrich verbunden, z. B.:

¿Hay un hotel aquí?
es-gibt ein Hotel hier
Gibt es hier ein Hotel?

Werden in einem Satz mehrere Wörter genannt, die man untereinander austauschen kann, steht ein Schrägstrich zwischen diesen:

Soy alemán / suizo / austríaco.
(ich-)bin Deutscher / Schweizer / Österreicher
Ich bin Deutscher / Schweizer / Österreicher.

In Sätzen mit dem Tätigkeitswort "sein" macht es einen Unterschied, ob eine Frau oder ein Mann den betreffenden Satz spricht, ob eine Frau oder ein Mann angesprochen wird, oder ob man über eine Frau oder einen Mann spricht. Im spanischen Satz und in der Wort-für-Wort-Übersetzung werden beide Formen wie folgt angegeben:

Estoy cansado / cansada.
(ich-)bin müde(m/w)
Ich bin müde.

Hier spricht ein Mann die Variante vor dem Schrägstrich, eine Frau jedoch die Form nach dem Schrägstrich! Näheres dazu steht im Kapitel "Sein & Haben".

Mit Hilfe der Wort-für-Wort-Übersetzung können Sie bald eigene Sätze bilden. Sie können die Beispielsätze als Fundus von Satzschablonen und -mustern benutzen, die Sie selbst Ihren Bedürfnissen anpassen. Um Ihnen das zu erleichtern, ist ein erheblicher Teil der Beispielsätze nach allgemeinen Kriterien geordnet ("bitten, danken, wünschen", "begrüßen/verabschieden" usw.). Mit etwas Kreativität und Mut können Sie sich neue Sätze "zusammenbauen", auch wenn das Ergebnis nicht immer grammatikalisch perfekt ausfällt.

Die **Wörterlisten** am Ende des Buches helfen Ihnen dabei. Sie enthalten einen Grundwortschatz von je ca. 1000 Wörtern Deutsch-Spanisch und Spanisch-Deutsch, mit denen man einen Großteil der Gesprächssituationen meistern kann.

Sprachen in Venezuela

Die offizielle Landessprache Venezuelas ist Spanisch - genauer gesagt: **Castellano,** also jene Sprache, die ursprünglich nur in Kastilien gesprochen wurde, sich dann aber durch den Aufstieg Kastiliens zur zentralen Macht der spanischen Monarchie in großen Teilen der Iberischen Halbinsel durchsetzte. Mit der **Konquista,** der Eroberung Süd- und Mittelamerikas im 16. Jahrhundert durch die Spanier, verbreitete sich das Castellano auch in diesen Gebieten; es wird heute weltweit von mehr als 300 Millionen Menschen gesprochen.

Das Spanisch bzw. Castellano hat in Venezuela, wie in anderen lateinamerikanischen Ländern auch, spezifische Ausprägungen erfahren, die insgesamt eine Reihe von mehr oder weniger geringfügigen Abweichungen von dem in Spanien gesprochenen Spanisch darstellen. So gibt es einige auffällige Besonderheiten in der Aussprache und in der Grammatik, vor allem aber im Wortschatz. Er ist in erster Linie durch indianische Elemente - etwa die Namen einheimischer Tiere und Pflanzen - bereichert worden, erkennbar ist darüber hinaus der Einfluß weiterer europäischer Sprachen, z. B. des Französischen oder, bedingt durch die Nähe zur USA, des modernen (nordamerikanischen) Englisch. Erhalten haben sich außerdem bestimmte Archaismen, also Wörter, die in Spanien selbst nicht mehr gebräuchlich sind.

Auch innerhalb Venezuelas existieren regionale Unterschiede, die aber hauptsächlich die Sprachmelodie betreffen. Wer sich länger im Land aufhält und verschiedene Gebiete bereist, wird bemerken, daß in den Anden langsamer gesprochen wird als an der Küste, und er wird den extrem schnellen, dabei viele Endungen verschluckenden Wortfluß der Bewohner des **Oriente** von dem merkwürdig gedehnten, nasalen Tonfall des aus **Maracaibo** stammenden Venezolaners unterscheiden lernen.

Das Castellano ist zwar die alles beherrschende Sprache in Venezuela, jedoch nicht die einzige. Von den auf venezolanischem Territorium lebenden indianischen Stämmen, die nur etwa 2% der Gesamtbevölkerung ausmachen, werden weit über 30 verschiedene Sprachen gesprochen, die aber bislang kaum Beachtung gefunden haben und nur zum geringen Teil systematisch erforscht worden sind. Zum überwiegenden Teil gehören die Indianer Venezuelas zu den drei wichtigsten Sprachfamilien Südamerikas, zu den **Kariben,** den **Aruak** sowie den **Chibcha.** Hinzu kommen die isolierten Sprachgruppen der **Guarao,** der **Yanomami,** der **Piaroa** und der **Guahibo,** um nur die wichtigsten zu erwähnen. Als Tourist wird man am ehesten Wörtern aus der Sprache der **Pemón**-Indianer begegnen, die in der **Gran Sabana** im Südosten Venezuelas ansässig sind; einige Begriffe werden deshalb im Kapitel "Gran Sabana" vorgestellt.

Aussprache & Betonung

Mitlaute (Konsonanten)

Besondere Schwierigkeiten bereitet die Aussprache des Castellano nicht. Den einzelnen Buchstaben oder Buchstabenverbindungen entsprechen in den meisten Fällen die gleichen Laute wie im Deutschen. Auf die Ausnahmen stellt man sich, zumindest bei den Mitlauten (etwa **ch, ll** oder **qu**), erfahrungsgemäß recht schnell ein. Als zusätzlichen Buchstaben im spanischen Alphabet hat man lediglich das **ñ** (der geschwungene Bogen auf dem **n** heißt "Tilde") zu lernen.

Das in Venezuela gesprochene Castellano klingt gegenüber dem in Spanien gebräuchlichen insgesamt 'weicher' und melodischer. Eine Erleichterung für den Lernenden bedeutet sicherlich der für die Aussprache in ganz Lateinamerika charakteristische "Seseo": **c** (vor **e** und **i**) und **z** werden wie "s" ausgesprochen und nicht wie das englische "th", wie es in Spanien üblich ist. Folgende Mitlaute werden abweichend vom Deutschen ausgesprochen:

	Aussprache	Beispiel "*Lautschrift*"
c	wie "k" vor **a, o, u** und vor Mitlauten; stimmlos wie "ß" vor **e, i;**	**color** "*kolor*" (Farbe), **octubre** "*oktubre*" (Oktober), **cena** "*ßena*" (Abendessen); **cinco** "*ßinko*" (fünf);
cc	wie "kß"	**accidente** "*akßidente*" (Unfall)
ch	wie stimmloses "tsch" in "Ma**tsch**"	**mucho** "*mutscho*" (viel)
g	wie "g" vor **a, o, u** und vor Mitlauten; vor **e, i** wie "ch" in "Ba**ch**"	**gasolina** "*gasolina*" (Benzin); **gente** "*chente*" (Leute)

gu **gü**	wie "g", vor **e** und **i** ist das **u** "stumm"; vor **a** ist das **u** hörbar; soll das **u** vor **e** und **i** dennoch hörbar sein, steht statt **u** ein **ü**	**guerra** "*gerra*" (Krieg); **agua** "*agua*" (Wasser); **pingüino** "*pinguino*" (Pinguin)
h	bleibt "stumm"	**hombre** "*ombre*" (Mann)
j	wie "ch" in "Ba**ch**"	**trabajo** "*trabacho*" (Arbeit)
ll	wie "j" in "**J**äger"	**llegada** "*jegada*" (Ankunft)
ñ	wie "nj" in "Ta**nj**a"	**niño** "*ninjo*" (Kind, Junge)
qu	wie "k", tritt nur vor **e** und **i** auf, das **u** ist "stumm"	**pequeño** "*pekenjo*" (klein), **aquí** "*aki*" (hier)
r **rr**	Zungenspitzen-r, innerhalb eines Wortes kurz "gerollt", nach **n, l** und **s** sowie am Wortanfang stark "gerollt"; **rr** wird stets stark "gerollt"	**caro** "*karo*" (teuer), **Israel** "*isrrael*" (Israel), **raro** "*rraro*" (selten); **carro** "*karro*" (Auto)
s	stimmlos wie "ß"; vor **b, d, g, l, m, n** stimmhaft wie "s" in "Rose"	**casa** "*kaßa*" (Haus); **mismo** "*mismo*" (selbst)
v	wie "w" in "**W**asser"	**vino** "*wino*" (Wein)
x	wie "ks" in "Ke**ks**"; in wenigen Ausnahmen wie "ch" in "i**ch**"	**examen** "*eksamen*" (Prüfung); **México** "*mechiko*" (Mexiko)

y	wie "j" in "**J**äger" am Silbenanfang und innerhalb eines Wortes; wie "i" am Wortende oder alleinstehend	**ayer** "*ajer*" (gestern); **ley** "*lei*" (Gesetz), **hay** "*hai*" (es gibt), **y** "*i*" (und)
z	stimmlos wie "ß" in "Maß"	**zapato** "*ßapato*" (Schuh)

Selbstlaute (Vokale)

Die Selbstlaute **(a, e, i, o, u)** werden kurz bis halblang und in der Regel deutlich offener als im Deutschen gesprochen. Das **o** beispielsweise gleicht also eher dem offenen "o" in "Rost" als dem geschlossenen "o" in "rot". Der Selbstlaut **u** wird in den Silben **gue, gui, que, qui** im allgemeinen nicht gesprochen (s. o.).

Etwas gewöhnungsbedürftig ist der Umstand, daß bei den Doppellauten (Diphthongen) **ai, ay, ei, ey, eu, ia, ie** usw. die Selbstlaute nicht zu einem neuen Laut zusammenschmelzen, sondern grundsätzlich ihren jeweiligen Lautwert erhalten und in der Aussprache beide berücksichtigt werden. **Europa** z. B. wird demgemäß wie "*E-uropa*" gesprochen und nicht wie "eu" in deutsch "euch". Zu beachten ist allerdings, daß die Selbstlaute in den Diphthongen verschliffen werden, d. h. auch wiederum nicht abgehackt zu sprechen sind: **Maracaibo,** die Stadt im Westen Venezuelas, heißt also nicht "Maraca-ibo": Der Doppellaut **ai** ist hier ähnlich dem deutschen "ei" zu sprechen. Man kann sich an der Regel orientieren, daß im Doppellaut **i** und **u** schwächer sind als **a, e** und **o.**

Betonung

Wörter, die auf einem Selbstlaut, auf **n** oder **s** enden, werden in der Regel auf der vorletzten Silbe betont; **importante** (wichtig) wird dementsprechend auf dem **a**, **joven** (jung) auf dem **o** betont. Endet ein Wort auf einem anderen Mitlaut oder auf **y**, wird es auf der letzten Silbe betont, **papel** (Papier) also auf dem **e**.

Abweichungen von diesen Regeln werden durch einen Akzent auf der zu betonenden Silbe angezeigt, z. B.: **teléfono** (Telefon), **papá** (Papa), **alemán** (deutsch; Deutscher).

Akzente dienen darüber hinaus bei einigen wichtigen Wörtern, die ansonsten gleich lauten, aber andere Bedeutungen haben, als Unterscheidungsmerkmal:

el	der	**él**	er
tu	dein	**tú**	du
si	wenn	**sí**	ja
esta	diese	**está**	er/sie ist
papa	Papst; Kartoffel	**papá**	Papa

Noch ein Wort zu den Aussprachegewohnheiten der Venezolaner: Im allgemeinen wird sehr schnell und nicht selten auch undeutlich gesprochen. In verschiedenen Regionen werden zudem viele Mitlaute "verschluckt", typisch ist etwa der Wegfall des **s** am Wortende (aus **Caracas** wird dann "Caraca"). Man sollte sich jedoch keinesfalls entmutigen lassen; zumeist wird man sich schneller einhören, als man zunächst glauben mag.

Rechtschreibung

Zur Schreibweise nur soviel: Lediglich der Satzanfang und die Eigennamen im Satzinneren werden groß, alle anderen Wortanfänge werden klein geschrieben.

Satzzeichen

Ungewöhnlich für den deutschen Leser ist, daß Frage- und Ausrufesätze nicht nur mit den entsprechenden Satzzeichen (? und !) abgeschlossen, sondern auch - und dann auf dem Kopf stehend - eingeleitet werden (¿ und ¡). Sie werden dort gesetzt, wo jeweils die Frage oder der Ausruf beginnt, unter Umständen also auch mitten im Satz.

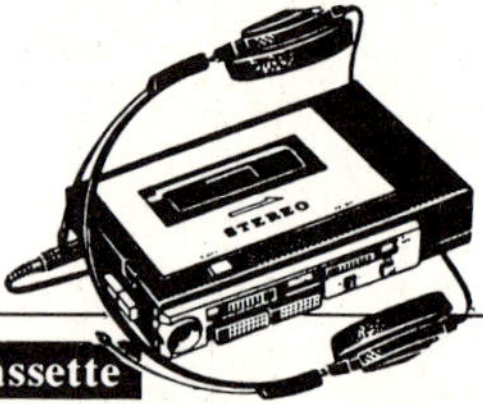

Kauderwelsch-Kassette

Falls Sie sich die Sätze, die in diesem Buch vorkommen, einmal von einem Venezolaner gesprochen anhören möchten, dann können Sie sich die **Kauderwelsch-Begleitkassette** zu diesem Buch besorgen. Jeder Buchhändler kann sie beziehen. Sie bekommen sie aber auch beim Peter-Rump-Direktversand. Die Adresse steht vorne im Impressum. Kostenpunkt: DM 16.80 incl. Porto und Verpackung

Wörter, die weiterhelfen

Busco ...

Ich suche ...

Busco un restaurante.
(ich-)suche ein Restaurant

Ich suche ein Restaurant.

Busco la parada de autobús.
(ich-)suche die Haltestelle von Bus

Ich suche die Bushaltestelle.

In diesen Fragesatz (und auch in die folgenden Fragen) kann man alle sinnvollen Wörter unverändert aus der Wörterliste einsetzen, zum Beispiel:

un médico	ein Arzt	**el hospital**	das Krankenhaus
la embajada	die Botschaft	**la policía**	die Polizei
el autobús	der Bus	**una tienda**	ein Geschäft
el aeropuerto	der Flughafen	**un taxi**	ein Taxi
el consulado	das Konsulat	**un teléfono**	ein Telefon

¿Hay ...? Gibt es ...?

¿Hay café? Gibt es Kaffee?
es-gibt Kaffee
¿Hay un hotel aquí? Gibt es hier ein Hotel?
es-gibt ein Hotel hier

Die Antworten darauf lauten möglicherweise:

Sí, hay. Ja, es gibt.
No, no hay. Nein, gibt es nicht.

Hay (es gibt) ist eine unpersönliche Form von **haber** (haben) und bezeichnet das allgemeine 'Vorhandensein'; deshalb tritt es nur mit unbestimmten Hauptwörtern auf.

¿Dónde hay ...? Wo gibt es ...?

¿Dónde hay una farmacia? Wo gibt es eine Apotheke?
wo es-gibt eine Apotheke
¿Dónde hay un banco? Wo gibt es eine Bank?
wo es-gibt eine Bank
¿Dónde hay un teléfono? Wo gibt es ein Telefon?
wo es-gibt ein Telefon

¿Dónde está ...?

Wo ist ...?

Fragt man, wie in der Frage nach dem Hotel Savoy, nach etwas Bestimmtem, verwendet man nicht **hay** (es gibt), sondern **está** (ist).

¿Dónde está el Hotel Savoy? Wo ist das Hotel Savoy?
wo ist das Hotel Savoy

¿Dónde está el terminal? Wo ist der Busbahnhof?
wo ist die Endhaltestelle

¿Dónde está el correo ? Wo ist die Post?
wo ist die Post

derecha	(nach) rechts	**izquierda**	(nach) links
aquí	hier	**hacia acá**	hierhin
allá, allí	dort	**hacia allá, allí**	dorthin
cercano	nah	**lejos**	weit
derecho, recto	geradeaus	**hacia atrás**	zurück
el cruce	die Kreuzung	**semáforo**	Ampel

Man sollte sich von vornherein darauf einstellen, daß man häufig solche Fragen mehrere Male und verschiedenen Personen stellen muß: Die Antworten sind zwar meistens gutgemeint, nicht selten aber sehr unpräzise. Typisch etwa ist die Auskunft **más allá,** was etwa mit "immer weiter" zu übersetzen ist.

¿Tiene Usted ...? Haben Sie ...?

¿Tiene Usted una habitación libre? Haben Sie ein freies Zimmer?
(Er-/Sie-)besitzt Sie ein Zimmer freies
¿Tiene Usted un mapa de Coro? Haben Sie einen Stadtplan von Coro?
(Er-/Sie-)besitzt Sie ein Plan von Coro

Diese Wendung ist beispielsweise dann angemessen, wenn man gezielt nach etwas fragen will. Die Antworten lauten möglicherweise:

Sí, lo tenemos. Ja, haben wir.
ja, es (wir-)besitzen
No, no lo tenemos. Nein, haben wir nicht.
nein, nicht es (wir-)besitzen

Quiero ... / Quisiera ... Ich will ... / Ich möchte gern ...

Um einen Wunsch auszudrücken, kann man sich mit **quiero** (ich will) behelfen, höflicher ist allerdings **quisiera** (ich möchte).

Quiero una cerveza. Ich möchte ein Bier.
(ich-)will ein Bier
Quisiera otra habitación. Ich möchte ein anderes Zimmer.
(ich-)möchte anderes Zimmer

¿Cuánto cuesta ...? Wieviel kostet?

¿Cuánto cuesta un ticket? Wieviel kostet eine Fahrkarte?
wieviel (sie-)kostet eine Fahrkarte
¿Cuánto cuesta la entrada? Wieviel kostet der Eintritt?
wieviel (er-)kostet der Eintritt
¿Cuánto cuesta esto? Wieviel kostet das da?
wieviel (es-)kostet dieses

Die Zahlen stehen im Kapitel "Zahlen & Zählen".

¡Gracias! / ¡Por favor!	Danke! / Bitte!
¡Buenos días!	Guten Tag!
¡Hasta la vista!	Auf Wiedersehen!

Hauptwörter (Substantive)

Anders als im Deutschen werden die Hauptwörter nicht gebeugt. Man muß sich also lediglich das grammatische Geschlecht merken und die Mehrzahlbildung beachten. Es gibt im Castellano nur männliche (abgekürzt: "m") und weibliche ("w") Hauptwörter.

● Männliche Hauptwörter enden meistens auf **-o, -or, -ón, -án** oder **-aje,** z. B.:

trabajo	Arbeit	**alemán**	Deutscher
comedor	Eßzimmer	**viaje**	Reise
avión	Flugzeug		

● Weibliche Hauptwörter enden in der Regel auf **-a, -ción, -dad, -tud** oder **-z,** z. B.:

casa	Haus	**juventud**	Jugend
canción	Lied	**paz**	Frieden
ciudad	Stadt		

Bei Personen wird die weibliche Form des Hauptwortes häufig durch Hinzufügen eines **-a** gebildet:

el señor	Herr	**la señora**	Frau
el español	der Spanier	**la española**	die Spanierin

In anderen Fällen wird die männliche Endung **-o** durch ein **-a** ersetzt:

el niño	der Junge	**la niña**	das Mädchen
el tío	der Onkel	**la tía**	die Tante

Für einige männliche und weibliche Entsprechungen gibt es wiederum eigene Wörter:

el hombre	der Mann	**la mujer**	die Frau
el padre	der Vater	**la madre**	die Mutter

Eine ganze Reihe von Berufsbezeichnungen kennt für beide Geschlechter die gleiche Form:

el/la pianista	der Pianist, die Pianistin
el/la dentista	der Zahnarzt, die Zahnärztin
el/la periodista	der Journalist, die Journalistin

Die Namen von Meeren, Flüssen und Bergen sind in der Regel männlich:

el Caribe	die Karibik	**el Orinoco**	der Orinoco

Ausnahmen von oben beschriebenen Regeln werden gekennzeichnet. Wichtig sind z. B. folgende:

el día (m)	der Tag	**la mano** (w)	die Hand
el poeta (m)	der Dichter	**la flor** (w)	die Blume
el problema (m)	das Problem	**la radio** (w)	der Rundfunk
el turista (m)	der Tourist	**la foto** (w)	das Foto

Weil sich im Spanischen und Deutschen das grammatische Geschlecht nicht immer entsprechen, sollte der Artikel gleich mitgelernt werden.

Artikel

Es gibt im Castellano den unbestimmten ("ein, eine") und den bestimmten Artikel ("der, die"). Im Gegensatz zum Deutschen hat der unbestimmte Artikel auch eine eigene Form für die Mehrzahl (abgekürzt: Mz), die man etwa mit "einige" übersetzen kann.

	bestimmter Artikel		unbestimmter Artikel	
	männlich	weiblich	männlich	weiblich
Ez	**el** der	**la** die	**un** ein	**una** eine
Mz	**los** die	**las** die	**unos** einige	**unas** einige

el / un árbol der / ein Baum
los / unos árboles die / einige Bäume

Bei weiblichen Hauptwörtern, die mit einem betonten **a-** oder **ha-** beginnen, wird der männliche Artikel **el** verwendet, um das Aufeinanderstoßen zweier **a** zu vermeiden. Dazu gehören z. B.:

el águila (w)	der Adler	**el agua** (w)	das Wasser
el harina (w)	das Mehl		

Im sprachlichen Gebrauch bleiben diese Hauptwörter jedoch weiblich. Eigenschaftswörter, die sich auf diese Hauptwörter beziehen, werden also weiblich gebeugt (vgl. Kap. "Eigenschaftswörter").

Neben dem männlichen und weiblichen Artikel gibt es in der Einzahl die sächliche (unpersönliche) Form **lo,** die z. B. bei Eigenschaftswörtern oder bei Ordnungszahlen gebraucht wird, die als Hauptwort verwendet werden.

lo bueno das gut	das Gute	**lo segundo** das zweiter	das Zweite

Mehrzahl

Die Grundregel lautet: Hauptwörter, die in der Einzahl (abgekürzt: "Ez") auf einem Selbstlaut enden, bilden die Mehrzahl (abgekürzt: "Mz") mit einem angehängten **-s;** Hauptwörter, die auf einem Mitlaut enden, hängen für die Mehrzahl **-es** an.

casa	Haus	**casas**	Häuser
corazón	Herz	**corazones**	Herzen

Auch hier gibt es einige Ausnahmen: So bleiben Wörter, die in der Einzahl auf **-s** enden und auf der vorletzten Silbe betont werden, in der Mehrzahl unverändert. Dazu gehören einige Wochentage, z. B. **lunes** (Montag), **martes** (Dienstag) oder Begriffe aus dem Griechischen, wie z. B. **la crisis** (die Krise).

Bei Wörtern, die auf **-z** enden, verwandelt sich der Endbuchstabe in der Mehrzahl in ein **-c:**

la luz	das Licht	**las luces**	die Lichter

Verkleinerungs- / Vergrößerungsform

In Venezuela wird, wie auch in anderen lateinamerikanischen Ländern, gerne die Verkleinerungsform sowie die Vergrößerungsform verwendet. Mit ihnen werden nicht nur quantitative Abstufungen angezeigt, sie dienen vor allem dazu, sich betont herzlich auszudrücken. Die am meisten benutzten Endungen sind **-ito** (m) bzw. **-ita** (w) für die Verkleinerung und **-ote** (m) / **-ota** (w) für die Vergrößerung.

un beso	ein Kuß	**una casa**	ein Haus
un besito	ein Küßchen	**una casita**	ein Häuschen
un besote	ein dicker Kuß	**una casota**	ein großes Haus

Eine Verkleinerung der Verkleinerung läßt sich mit der zusätzlichen Endung **-ico** (m) / **-ica** (w) erzielen:

una taza	eine Tasse
una tacita	ein Täßchen
una tacitica	ein kleines Täßchen

Die Verkleinerungs- und Vergrößerungsform kann nicht nur bei Hauptwörtern, sondern auch bei Eigenschafts- und Umstandswörtern angewendet werden.

una taza

Dieses & Jenes

	männlich	weiblich	sächlich (unpersönlich)
Einzahl Mehrzahl	**este** **estos**	**esta** **estas**	**esto** **estos**
Einzahl Mehrzahl	**ese** **esos**	**esa** **esas**	**eso** **esos**
Einzahl Mehrzahl	**aquel** **aquellos**	**aquella** **aquellas**	**aquello** **aquellos**

Im Gegensatz zum Deutschen, wo es nur zwei hinweisende Fürwörter ("dieses" und "jenes") gibt, besitzt das Castellano drei. Ihr Gebrauch richtet sich danach, wie weit das zu bezeichnende Objekt vom Sprecher entfernt ist. **Este** ("dieses hier") weist auf eine Sache oder Person hin, die sich nahe beim Sprechenden befindet. Mit **ese** ("dieses da") bezeichnet man ein Objekt, das etwas weiter entfernt ist oder sich beim Angesprochenen befindet. Häufig wird es auch in abschätziger Bedeutung gebraucht. **Aquel** ("jenes") schließlich verweist auf etwas, das örtlich oder auch zeitlich entfernter liegt.

Die hinweisenden Fürwörter stehen jeweils vor dem Hauptwort, auf das sie sich beziehen, und richten sich in Zahl und Geschlecht nach diesem.

Eigenschaftswörter (Adjektive)

Eigenschaftswörter stehen meistens nach dem Hauptwort, auf das sie sich beziehen, und richten sich in Zahl und Geschlecht nach diesem. Die männliche Form des Eigenschaftswortes lautet in der Regel **-o,** die weibliche Form ersetzt das **-o** durch **-a:**

el libro nuevo	das Buch neu(m)	das neue Buch
la casa nueva	das Haus neu(w)	das neue Haus

Bei einigen Eigenschaftswörtern, vor allem bei jenen, die auf **-e** oder **-l** enden, stimmen männliche und weibliche Form überein, z. B.:

un caso difícil	ein Fall schwierig	ein schwieriger Fall
una cosa difícil	eine Sache schwierig	eine schwierige Sache
un hombre elegante	ein Mann elegant	ein eleganter Mann
una mujer elegante	eine Frau elegant	eine elegante Frau

Die Mehrzahl wird bei den Eigenschaftswörtern in gleicher Weise wie bei den Hauptwörtern gebildet: Endet das Eigenschaftswort auf einem Selbstlaut, wird **-s** angehängt, endet es jedoch auf einem Mitlaut, wird **-es** angehängt.

nuevo	neu	**nuevos**	neue (Mz)
nueva	neu (w)	**nuevas**	neue (w,Mz)
difícil	schwierig	**difíciles**	schwierige (Mz)
feliz	glücklich	**felices**	glückliche (Mz)

Einige häufig gebrauchte Eigenschaftswörter, wie **bueno** (gut), **malo** (schlecht), **grande** (groß), **primero** (erster), können dem Hauptwort auch vorangestellt werden. Vor einem männlichen Hauptwort werden sie verkürzt, d. h. die männliche Endung **-o** entfällt; **grande** wird sowohl vor einem männlichen als auch vor einem weiblichen Hauptwort zu **gran** verkürzt.

un buen amigo	ein guter Freund
el primer día	der erste Tag
un mal día	ein schlechter Tag
una gran cocinera	eine große Köchin

Die Eigenschaftswörter **mucho** (viel), **poco** (wenig) und **otro** (anderer) stehen immer vor dem Hauptwort.

mucho tiempo	viel Zeit
poco dinero	wenig Geld
otra amiga	eine andere Freundin

dinero

Liste wichtiger Eigenschaftswörter

bueno	gut	**malo**	schlecht
grande	groß	**pequeño**	klein
largo	lang	**corto**	kurz
bajo	niedrig	**alto**	hoch
mucho	viel	**poco**	wenig
rápido	schnell	**lento**	langsam
claro	hell	**oscuro**	dunkel
frío	kalt	**caliente**	heiß
limpio	sauber	**sucio**	schmutzig
suave / blando	weich	**duro**	hart
viejo	alt	**nuevo; joven**	neu; jung
feliz	glücklich	**triste**	traurig
bonito / lindo	hübsch	**feo**	häßlich
trabajador	fleißig	**flojo**	faul
pobre	arm	**rico**	reich
inteligente	klug	**tonto / gafo**	dumm
barato	billig	**caro**	teuer
fácil	leicht (einfach)	**difícil**	schwierig
liviano	leicht	**pesado**	schwer (Gewicht)

Farben

blanco	weiß	**azul**	blau
amarillo	gelb	**verde**	grün
anaranjado	orange	**marrón**	braun
rojo / colorado	rot	**negro**	schwarz
lila	lila	**colorido**	bunt

Steigern & Vergleichen

steigern

Bei der Steigerung wird das Eigenschaftswort nicht wie im Deutschen gebeugt, man verwendet vielmehr das Wort **más** (mehr), das beim Komparativ (1. Steigerungsstufe) vor das Eigenschaftswort gestellt wird. Der Superlativ (2. Steigerungsstufe) wird gebildet, indem zusätzlich der bestimmte Artikel vorangestellt wird. Dabei richtet sich das Eigenschaftswort und der Artikel in Zahl und Geschlecht nach dem dazugehörigen Hauptwort.

bonito schön schön	**más bonito** mehr schön schönerer	**el más bonito** der mehr schön der schönste
bonita schöne(w) schöne	**más bonita** mehr schöne(w) schönere	**la más bonita** die mehr schöne(w) die schönste

Einige wenige, aber häufig verwendete Eigenschaftswörter haben unregelmäßige Komparativformen:

mucho	viel	**más**	mehr
poco	wenig	**menos**	weniger
bueno	gut	**mejor**	besser
malo	schlecht	**peor**	schlechter
grande	groß	**mayor (más grande)**	größer

Sehr verbreitet ist auch die Verstärkung eines Eigenschaftswortes durch Anhängen der Endungen **-ísimo** (m) bzw. **-ísima** (w).

Carlos es altísimo.
Carlos (er-)ist groß-sehr
Carlos ist riesengroß.

Esta cesta es baratísima.
dieser Korb (er-)ist billig-sehr
Dieser Korb ist spottbillig.

Des weiteren besteht die Möglichkeit, mit Hilfe des Umstandswortes **muy** (sehr) einen hohen Grad auszudrücken. Es steht grundsätzlich vor dem Eigenschaftswort.

¡Muy bien hecho!
sehr gut gemacht
Sehr gut gemacht!

una mujer muy bonita
eine Frau sehr hübsche
eine sehr hübsche Frau

vergleichen

Soll bei einem Vergleich zweier Personen oder Sachen die Gleichheit ausgedrückt werden, wählt man die Formel **tan ... como** (so ... wie). Den Unterschied bei einem Vergleich bezeichnet man mit dem Ausdruck **más / menos ... que** (mehr / weniger ... als).

Este carro es tan caro como ese.
dieses Auto (es-)ist so teuer wie das-da
Dieses Auto ist so teuer wie das da.

Alejandro es más alto que Lorenzo.
Alejandro (er-)ist mehr groß als Lorenzo
Alejandro ist größer als Lorenzo.

Umstandswörter (Adverbien)

Mit Umstandswörtern (abgekürzt: "Umst.") kann man Tätigkeitswörter (Verben), Eigenschaftswörter sowie andere Umstandswörter näher bestimmen. Zu unterscheiden sind selbständige Umstandswörter, z. B. wie die der Zeit ("heute, immer, nie" usw.), oder des Grades ("sehr, mehr") oder Umstandswörter, die von Eigenschaftswörtern abgeleitet werden.

Um Umstandswörter aus Eigenschaftswörtern abzuleiten, hängt man an die weibliche Form des Eigenschaftswortes die Endung **-mente.**

lento / lenta	langsam (m/w)	**lentamente**	langsam (Umst.)
rápido / rápida	schnell (m/w)	**rapidamente**	schnell (Umst.)

Lentamente María sube la escalera.
langsam(Umst.) Maria (sie-)hochsteigt die Leiter
Maria steigt langsam die Leiter hoch.

un caso eminentemente difícil
ein Fall außerordentlich(Umst.) schwierig
ein außerordentlich schwieriger Fall

Einige Eigenschaftswörter bilden unregelmäßige Umstandswörter:

bueno (Eig.)	gut	**bien** (Umst.)	gut
malo (Eig.)	schlecht	**mal** (Umst.)	schlecht

Bei einigen Eigenschaftswörtern ist die Bildung auf **-mente** grundsätzlich nicht möglich, dazu gehören:

barato billig	**caro** teuer	**bajo** niedrig

Persönliche Fürwörter

yo	ich
tú	du
él; ella	er; sie
Usted	Sie (höfliche Anrede Einzahl)
nosotros / nosotras	wir (m/w)
ustedes	ihr
ellos / ellas	sie (m/w, Mehrzahl)
Ustedes	Sie (höfliche Anrede Mehrzahl)

Im Gegensatz zum Deutschen wird jeweils eine männliche und eine weibliche Form für "wir" und "sie" (Mz) unterschieden, des weiteren, ob eine **(Usted)** oder mehrere Personen **(Ustedes)** mit der Höflichkeitsform angeredet werden.

Ein markanter Unterschied zu dem Castellano, das in Spanien gebräuchlich ist, besteht in der Ersetzung des persönlichen Fürwortes für die 2. Person Mehrzahl ("ihr": in Spanien "**vosotros/vosotras**") durch **ustedes,** die Form für die höfliche Anrede. Entsprechend wird auch die Verbform übernommen, und zwar die 3. Person Mehrzahl ("sie"; vgl. Kap. "Tätigkeitswörter").

Generell werden die persönlichen Fürwörter im Castellano in der gesprochenen Sprache nur zur Betonung der Person hinzugesetzt, in Venezuela allerdings etwas häufiger als in Spanien.

vos

Eine weitere Eigenart stellt der sogenannte "Voseo" ("Euch"-Form) dar. Dieses in Lateinamerika weit verbreitete sprachliche Phänomen hat in Venezuela allerdings nur regionale Bedeutung, es tritt lediglich in dem Gebiet um Maracaibo im Westen des Landes und in Teilen der Anden auf. Dabei handelt es sich um die zusätzliche Verwendung des älteren **vos** (euch) anstelle von **tú** (du) und **ti** (dir/dich). Auch hier wird z. T. nicht nur das persönliche Fürwort ausgetauscht, sondern auch eine andere Verbform verwendet, und zwar die ansonsten nicht verwendete 2. Person Mehrzahl (s. Kap. "Tätigkeitswörter").

Wem? oder Wen?

Die Formen der persönlichen Fürwörter auf die Fragen "wem?" oder "wen?" lauten wie folgt:

	Frage: "wem?"		Frage: "wen?"	
ich	mir	**me**	mich	**me**
du	dir	**te**	dich	**te**
er	ihm		ihn	**lo**
sie (Ez)	ihr	**le** (ihm / ihr / Ihnen)	sie	**la**
Sie (Anrede, Ez)	Ihnen (Ez)		Sie (m/w)	**lo / la**
wir	uns	**nos**	uns	**nos**
ihr	euch		euch(m/w)	**los / las**
sie (m, Mz)	ihnen (m)	**les** (euch / ihnen / Ihnen)	sie (m)	**los**
sie (w, Mz)	ihnen (w)		sie (w)	**las**
Sie (Anrede, Mz)	Ihnen (Mz)		Sie (m/w)	**los / las**

Die gebeugten persönlichen Fürwörter stehen immer vor dem Verb, mit dem sie verbunden sind.

Carlos me escribe.	**Te quiero.**
Carlos mir (er-)schreibt.	dich (ich-)liebe
Carlos schreibt mir.	Ich liebe dich.

Besitzanzeigende Fürwörter

Die unbetonten besitzanzeigenden Fürwörter (Possessivpronomen) stehen immer vor dem Hauptwort, auf das sie sich beziehen. Männliche und weibliche Formen treten nur in der 1. Person Mehrzahl ("unser") auf. Dann richtet sich das besitzanzeigende Fürwort in Geschlecht nach dem Hauptwort, das den Besitz bezeichnet. Steht der Besitz in der Mehrzahl, wird wie bei den Hauptwörtern ein **-s** an das besitzanzeigende Fürwort gehängt.

	Besitz Einzahl		Besitz Mehrzahl	
ich	mein	**mi**	meine	**mis**
du	dein	**tu**	deine	**tus**
er	sein	**su**	seine	**sus**
sie (Ez)	ihr		ihre	
Sie (Anrede, Ez)	Ihr		Ihre	
wir	unser	**nuestro/-a**	unsere	**nuestros/-as**
ihr	euer	**su**	eure	**sus**
sie (m/w, Mz)	ihr		ihre	
Sie (Anrede, Mz)	Ihr		Ihre	

mein Buch	**mi libro**	meine Bücher	**mis libros**
ihr Freund	**su amigo**	ihre Freunde	**sus amigos**
unser Auto	**nuestro carro**	unsere Autos	**nuestros carros**
unsere Sache	**nuestra cosa**	unsere Sachen	**nuestras cosas**

Neben diesen besitzanzeigenden Fürwörtern, die nur zusammen mit einem dazugehörigen Hauptwort stehen, gibt es weitere, die sogenannten "betonten" besitzanzeigenden Fürwörter. Sie stehen z. B. als Satzergänzung (Objekt) in Sätzen mit dem Verb "sein" und richten sich nach dem Satzgegenstand (Subjekt) in Zahl und Geschlecht. Die Endungen sind mit denen der Eigenschaftswörter identisch (vgl. Kap. "Eigenschaftswörter").

mein	**mío**	unser	**nuestro**
dein	**tuyo**	euer	
sein; ihr Ihr (Ez)	**suyo**	ihr (m/w) Ihr (Mz)	**suyo**

¿De quién son estas cosas?
von wer (sie-)sind diese Sachen
Wem gehören diese Sachen?

Son suyas.
(sie-)sind seine/ihre/Ihre
Sie gehören ihm/ihr/ihnen/Ihnen.

Este carro es mío.
dieses Auto (es-)ist meines
Dieses Auto gehört mir.

Tätigkeitswörter (Verben)

Grundform (Infinitiv)

Im Spanischen unterscheidet man bei den Verben drei Beugungsformen, die an der jeweiligen Endung der Grundform erkennbar sind:

● **-ar**	**hablar**	sprechen
● **-er**	**comer**	essen
● **-ir**	**vivir**	leben, wohnen

Gegenwart

Bei der Beugung ersetzt man die Endung der Grundform **(-ar, -er, -ir)** durch die Endung für die Person ("ich, du" usw.). Der Stamm bleibt unverändert. Je nach Selbstlaut der Grundform-Endung **(-a-, -e-, -i-)** werden die Verben unterschiedlich gebeugt, wobei die Unterschiede nicht allzu groß sind. Die Bindestriche in der folgenden Tabelle sollen nur die Beugungsendung hervorheben.

	habl-ar (sprechen)	**com-er** (essen)	**viv-ir** (leben)
ich	**habl-o**	**com-o**	**viv-o**
du	**habl-as**	**com-es**	**viv-es**
er, sie, Sie	**habl-a**	**com-e**	**viv-e**
wir	**habl-amos**	**com-emos**	**viv-imos**
ihr	**habl-an**	**com-en**	**viv-en**
sie, Sie (Mz)	**habl-an**	**com-en**	**viv-en**

Der wohl wichtigste grammatikalische Unterschied zu dem in Spanien gesprochenen Spanisch wird sofort deutlich: Es fehlt eine eigene Verbform für die 2. Person Mehrzahl ("ihr"). Statt dessen verwendet man in Venezuela die für die Höflichkeitsform gültige Endung, die der 3. Person Mehrzahl ("sie") entspricht.

¿Ustedes hablan castellano?
ihr/Sie (sie-)sprechen spanisch
Sprecht ihr Spanisch? / Sprechen Sie Spanisch?

Die persönlichen Fürwörter ("ich, du ...") werden, anders als im Deutschen, in der Regel nicht hinzugesetzt, es sei denn, sie sollen besonders betont werden. In der Wort-für-Wort-Übersetzung ist das persönliche Fürwort in Klammern zum gebeugten Verb ergänzt.

Vivimos en Caracas.	**Yo pago hoy.**
(wir-)leben in Caracas	ich (ich-)zahle heute
Wir leben in Caracas.	Ich (!) bezahle heute!

vos

Wie bereits im Kapitel über die persönlichen Fürwörter erläutert, wird in einigen Regionen Venezuelas (Maracaibo und Zulia, die Anden) zusätzlich für **tú** (du) und **ti** (dir/dich) im Familien- oder Freundeskreis die ältere Form **vos** gebraucht. Auch die dazugehörige Verbform wird ersetzt: Für die 2. Person Einzahl ("du") wird dann (im Bereich von Maracaibo und Zulia) die Verbform für die 2. Person Mehrzahl ("ihr") verwendet (die in Venezuela sonst nicht vorkommt!, s. o.). Statt **tú hablas** (du sprichst) heißt es also **vos habláis,** statt **tú comes** (du ißt) heißt es **vos coméis.**

In wiederum etwas abgewandelter Form tritt der "Voseo" ("Euch"-Form) in den Anden in Erscheinung. Hier wird bei dem persönlichen Fürwort **vos** nicht die Verbform der 2. Person Mehrzahl ("ihr") verwendet, sondern die der 2. Person Einzahl ("du"), wobei allerdings jeweils die Endung besonders betont wird: **vos hablás, vos comés.**

Liste wichtiger Verben

anfangen	**comenzar***	kommen	**llegar**
antworten	**contestar**	kosten (Preis)	**costar***
arbeiten	**trabajar**	küssen	**besar**
baden	**bañarse**	lächeln	**sonreír***
besitzen	**tener***	laufen, rennen	**correr**
besuchen	**visitar**	leben, wohnen	**vivir**
bezahlen	**pagar, cancelar**	legen, stellen	**poner***
bitten	**rogar***	lernen	**aprender**
bleiben	**quedarse**	lesen	**leer**
brauchen	**necesitar**	lieben	**querer*, amar**
bringen	**traer***	machen, tun	**hacer***
danken	**agradecer***	nehmen	**coger, tomar**
dauern	**tardar**	öffnen	**abrir**
einladen	**invitar**	parken (Auto)	**estacionar**
eintreten	**entrar**	rauchen	**fumar**
erzählen	**contar***	rufen, schreien	**llamar, gritar**
fahren (Auto)	**manejar**	sagen	**decir***
finden	**encontrar***	schicken	**mandar, enviar**
fliegen	**volar**	schlafen	**dormir***
fotografieren	**tomar una foto**	schreiben	**escribir**
geben	**entregar**	sehen	**ver*, mirar**
gehen	**andar, caminar**	sprechen	**hablar**
glauben	**creer***	sterben	**morir**
grüßen	**saludar**	suchen	**buscar**
halten (etwas)	**sostener***	telefonieren	**llamar por teléfono**
helfen	**ayudar**		
hören	**oír*, escuchar**	vergessen	**olvidar**
informieren	**informar, avisar**	verstehen	**comprender, entender***
kaufen	**comprar**	versuchen (zu)	**tratar (de)**
kennen	**conocer***	warten	**esperar**

Die mit * gekennzeichneten Verben sind unregelmäßig (siehe nächstes Kapitel).

Unregelmäßige Verben

Es gibt eine Anzahl von regelmäßig gebeugten Verben, bei denen sich bis auf die 1. Person Mehrzahl ("wir") lediglich der Stamm verändert, die Beugungsendungen sind regelmäßig. Diese Verben lassen sich zu Gruppen zusammenfassen; die wichtigsten sind folgende:

● **-e-** wird zu **-ie-**, z. B. **pensar** (denken) und **entender** (verstehen):

	pensar (denken)	**entender** (verstehen)
ich	**pienso**	**entiendo**
du	**piensas**	**entiendes**
er, sie, Sie	**piensa**	**entiende**
wir	**pensamos**	**entendemos**
ihr	**piensan**	**entienden**
sie, Sie (Mz)	**piensan**	**entienden**

Zu dieser Gruppe gehören u. a. auch **cerrar** (schließen), **comenzar** (beginnen), **recomendar** (empfehlen), **defender** (verteidigen), **perder** (verlieren).

● **-o-** wird zu **-ue-**, z. B. **contar** (erzählen, zählen) und **mover** (bewegen):

	contar (zählen)	**mover** (bewegen)
ich	**cuento**	**muevo**
du	**cuentas**	**mueves**
er, sie, Sie	**cuenta**	**mueve**
wir	**contamos**	**movemos**
ihr	**cuentan**	**mueven**
sie, Sie (Mz)	**cuentan**	**mueven**

Zu dieser Gruppe gehören u. a. auch **costar** (kosten), **encontrar** (finden, treffen), **rogar** (bitten), **doler** (schmerzen), **llover** (regnen).

● Die letzte Gruppe schließlich bildet nur die 1. Person Einzahl ("ich") unregelmäßig: **-c-** wird zu **-zc-**, z. B. **conocer** (kennen) wird zu **conozco** (ich kenne). Alle anderen Formen sind regelmäßig. Zu dieser Gruppe gehören die meisten Verben, die auf **-cer** oder **-ducir** enden, z. B. **ofrecer** (anbieten), **traducir** (übersetzen).

Einige Verben werden völlig unregelmäßig gebeugt. Hier eine Liste der wichtigsten. Man sollte zumindest die Gegenwartsformen kennen.

dar geben	**ir** gehen	**oír** hören	**venir** kommen	**hacer** machen
doy	**voy**	**oigo**	**vengo**	**hago**
das	**vas**	**oyes**	**vienes**	**haces**
da	**va**	**oye**	**viene**	**hace**
damos	**vamos**	**oímos**	**venimos**	**hacemos**
dan	**van**	**oyen**	**vienen**	**hacen**
dan	**van**	**oyen**	**vienen**	**hacen**

decir sagen	**ver** sehen	**poner** stellen	**salir** weggehen	**saber** wissen
digo	**veo**	**pongo**	**salgo**	**sé**
dices	**ves**	**pones**	**sales**	**sabes**
dice	**ve**	**pone**	**sale**	**sabe**
decimos	**vemos**	**ponemos**	**salimos**	**sabemos**
dicen	**ven**	**ponen**	**salen**	**saben**
dicen	**ven**	**ponen**	**salen**	**saben**

Weitere unregelmäßige Verben findet man im Kapitel "Sein & Haben" sowie im Kapitel "Modalverben".

Sein & Haben

ser / estar (sein)

Dem deutschen Hilfsverb "sein" entsprechen im Castellano zwei Verben: **ser** und **estar.**

	ser (sein)	**estar** (sein)
ich	**soy**	**estoy**
du	**eres**	**estás**
er, sie, Sie	**es**	**está**
wir	**somos**	**estamos**
ihr	**son**	**están**
sie/Sie(Mz)	**son**	**están**

Für die Unterscheidung von **ser** und **estar** kann man sich am besten folgende Faustregeln einprägen:

● Mit dem Verb **ser** werden unabänderliche oder charakteristische Wesenszüge bezeichnet, z. B. Nationalität, Religion, Beruf, Herkunft, Charakter- bzw. wesensmäßige Eigenschaften, Farben.

Soy alemán / alemana.
(ich-)bin Deutscher / Deutsche
Ich bin Deutscher / Deutsche.

La mesa es pequeña.
der Tisch (er-)ist klein(w)
Der Tisch ist klein.

● **Estar** wird hingegen verwendet, wenn etwas Vorübergehendes oder von veränderlichen Umständen Abhängiges bezeichnet wird. Dazu gehören insbesondere der Aufenthalt an einem Ort und das körperliche oder seelische Befinden.

Él está en el baño.
er (er-)ist in das Bad
Er ist im Bad.

Estamos cansados.
(wir-)sind müde(Mz)
Wir sind müde.

Die Unterscheidung von **ser** und **estar** wird anfangs etwas Mühe machen, ist aber sehr wichtig. Wie erheblich sich die Bedeutung unterscheiden kann, mag folgendes Beispiel veranschaulichen:

Esta carne es mala.
dieses Fleisch (es-)ist schlecht(w)
Das ist (qualitativ) schlechtes Fleisch.

Esta carne está mala.
dieses Fleisch (es-)ist schlecht(w)
Dieses Fleisch ist schlecht (= verdorben).

carne

Zu beachten ist in Sätzen mit **ser** oder **estar,** daß ein Eigenschaftswort als Satzergänzung (Objekt) sich in Zahl und Geschlecht nach dem Satzgegenstand (Subjekt) richtet, vergleiche:

Yo estoy cansado.
ich (ich-)bin müde
Ich bin müde. (sagt ein Mann!)

Yo estoy cansada.
ich (ich-)bin müde(w)
Ich bin müde. (sagt eine Frau!)

Tú eres bello.
du (du-)bist schön
Du bist schön. (zu einem Mann!)

Tú eres bella.
du (du-)bist schöne(w)
Du bist schön. (zu einer Frau!)

Nosotros estamos solos.
wir (wir-)sind alleine(Mz)
Wir sind alleine.
(nur Männer! oder:
Männer und Frauen!)

Nosotras estamos solas.
wir (wir-)sind alleine(w,Mz)
Wir sind alleine. (nur Frauen!)

tener (haben, besitzen) / haber (Hilfsverb: haben)

	tener (haben, besitzen)	**haber** (Hilfsverb: haben)
ich	**tengo**	**he**
du	**tienes**	**has**
er, sie, Sie	**tiene**	**ha**
wir	**tenemos**	**hemos**
ihr	**tienen**	**han**
sie/Sie(Mz)	**tienen**	**han**

Das deutsche Verb "haben" hat im Castellano ebenfalls zwei Entsprechungen: Dabei bedeutet **tener** "haben" im Sinne von "besitzen", ist also kein Hilfsverb. Zur Bildung der zusammengesetzten Vergangenheitsformen wird ausschließlich **haber** verwendet (vgl. Kap. "Vergangenheit").

Zur 3. Person Einzahl existiert außerdem die unpersönliche Nebenform **hay** (es gibt), die in der Umgangssprache sehr häufig gebraucht wird (vgl. auch Kap. "Wörter, die weiterhelfen").

Hay mucho sol.
es-gibt viel Sonne
Die Sonne ist sehr stark.

Die unpersönliche Form **hay** tritt zudem in dem wichtigen Ausdruck **hay que** (man muß) auf:

Hay que preguntar antes.
es-gibt daß fragen vorher
Man muß vorher fragen.

Weitere Zeiten

Die Möglichkeiten der Zeitenbildung sind im Castellano reichhaltiger als im Deutschen. Diese darzustellen, würde jedoch den Rahmen des Kauderwelsch-Sprachführers sprengen. Daher werden im folgenden nur zwei Formen der Vergangenheit sowie der Zukunft vorgestellt. Damit wird man zwar nicht in jedem Fall korrekt sprechen, sich aber immer verständlich machen können.

Partizip II (Mittelwort d. Vergangenheit)

Für die Bildung der vollendeten Gegenwart (Perfekt), z. B. "ich bin gegangen", braucht man zunächst das Partizip II (z. B. "gegangen, gelaufen"), das sehr einfach zu bilden ist. Dabei wird die Endung der Grundform durch die Endung des Partizips ersetzt:

● **-ar** wird zu **-ado:**	**hablar** (sprechen)	**hablado** (gesprochen)
● **-er** wird zu **-ido:**	**comer** (essen)	**comido** (gegessen)
● **-ir** wird zu **-ido:**	**vivir** (leben)	**vivido** (gelebt)

Folgende Ausnahmen sollte man sich merken:

abrir	öffnen	**abierto**	geöffnet
decir	sagen	**dicho**	gesagt
escribir	schreiben	**escrito**	geschrieben
hacer	machen, tun	**hecho**	gemacht, getan
poner	stellen, legen	**puesto**	gestellt, gelegt
ver	sehen	**visto**	gesehen

Perfekt (Vollendete Gegenwart)

Am schnellsten zu lernen, weil man sich nur einige wenige Formen einprägen muß, ist das Perfekt (vollendete Gegenwart, z. B.: "ich bin gegangen"). Dazu kombiniert man:

- die Gegenwartsformen des Hilfsverbs **haber** (haben) mit
- dem Partizip II des jeweiligen Verbs.

Nur **haber** (haben) wird gebeugt, das Partizip II bleibt unverändert! Achtung: Anders als im Deutschen werden mit dem Hilfsverb "sein" niemals die zusammengesetzten Zeiten gebildet!

he	**hablado**	ich habe gesprochen
has		du hast gesprochen
ha		er/sie hat / Sie haben gesprochen
hemos		wir haben gesprochen
han		ihr habt gesprochen
han		sie/Sie haben gesprochen

Das Perfekt wird im allgemeinen für eine Handlung der Vergangenheit benutzt, die erst kürzlich geschehen ist bzw. noch Auswirkungen auf die Gegenwart hat. Im Satz gilt die Perfekt-Konstruktion (**haber** + Partizip II) als geschlossene Einheit, in die nichts eingefügt wird.

He llegado hoy.
(ich-)habe angekommen heute
Ich bin heute angekommen.

Siempre hemos comido en este restaurante.
immer (wir-)haben gegessen in dieses Restaurant
Wir haben immer in diesem Restaurant gegessen.
(... und tun es noch heute).

Indefinido (Einfache Vergangenheit)

Eine weitere Vergangenheitsform ist das **Indefinido,** das der deutschen einfachen Vergangenheit entspricht, z. B. "ich ging". Dabei handelt es sich nicht um eine zusammengesetzte Zeit, sondern um eine eigene Beugungsform. Die Verben auf **-er** und **-ir** haben jedoch im Gegensatz zur Gegenwartsform die gleichen Beugungsendungen (in der Tabelle wieder durch Bindestriche abgetrennt).

	habl-ar (sprechen)	**com-er** (essen)	**viv-ir** (leben, wohnen)
ich	**habl-é**	**com-í**	**viv-í**
du	**habl-aste**	**com-iste**	**viv-iste**
er, sie, Sie	**habl-ó**	**com-ió**	**viv-ió**
wir	**habl-amos**	**com-imos**	**viv-imos**
ihr	**habl-aron**	**com-ieron**	**viv-ieron**
sie/Sie(Mz)	**habl-aron**	**com-ieron**	**viv-ieron**

Das "Indefinido" bezeichnet ein abgeschlossenes Ereignis in der Vergangenheit. Es ist im Spanischen sehr häufig und wird auch dort verwendet, wo man im Deutschen in der gesprochenen Sprache vorwiegend das Perfekt gebraucht.

Ayer comí con ella.
gestern (ich-)aß mit sie
Gestern habe ich mit ihr gegessen.

Él vivió dos años en Caracas.
er (er-)lebte zwei Jahre in Caracas
Er hat zwei Jahre in Caracas gelebt (... und lebt heute woanders).

einfache Vergangenheit von "sein" und "haben"

	ser (sein)	**estar** (sein)	**tener** (haben, besitzen)
ich	**fui**	**estuve**	**tuve**
du	**fuiste**	**estuviste**	**tuviste**
er, sie, Sie	**fue**	**estuvo**	**tuvo**
wir	**fuimos**	**estuvimos**	**tuvimos**
ihr	**fueron**	**estuvieron**	**tuvieron**
sie/Sie(Mz)	**fueron**	**estuvieron**	**tuvieron**

Zu beachten ist, daß **ser** (sein) und das unregelmäßige Verb **ir** (gehen) die gleichen Formen im "Indefinido" bilden. So kann z. B. **fue** sowohl "er war" als auch "er ging" bedeuten.

Für das Hilfsverb **haber** (haben) reicht es für den Anfang völlig aus, sich lediglich die 3. Person Einzahl ("er/sie") zu merken: **hubo.** Diese Form ist nämlich zugleich die Vergangenheitsform des unpersönlichen **hay** (es gibt) und wird dementsprechend mit "es gab" übersetzt.

Zukunft

● Die einfachste Form, etwas Zukünftiges auszudrücken, besteht darin, die Gegenwartsform in Verbindung mit der entsprechenden Zeitangabe zu verwenden, z. B.: "ich gehe morgen" anstatt "ich werde gehen". Das ist zwar im strengen Sinne grammatikalisch nicht korrekt, aber man kann sich zumeist damit verständlich machen.

Mañana visitamos la catedral.
morgen (wir-)besuchen die Kathedrale
Morgen besichtigen wir die Kathedrale.

● In vielen Fällen kann man sich auch mit einer Konstruktion behelfen, die in der Regel zur Bezeichnung der nahen Zukunft dient. Dazu kombiniert man die gebeugte Form von **ir** (gehen) mit einem zwischengestellten **a** (etwa "zu") und der Grundform des jeweiligen Verbs, das in die Zukunft gesetzt werden soll. **Ir** (gehen) ist ein unregelmäßiges Verb (s. Kap. "unregelmäßige Verben").

gebeugtes **ir** (gehen) + **a** (zu) + Grundform d. jeweiligen Verbs

Voy a salir.
(ich-)gehe zu weggehen
Ich werde gleich weggehen.

Voy a pagar la cuenta mañana.
(ich-)gehe zu bezahlen die Rechnung morgen
Ich werde die Rechnung morgen bezahlen.

● Neben den oben genannten Möglichkeiten, Zukünftiges auszudrücken, gibt es für die Zukunft eine eigene Beugungsform (im Castellano **futuro imperfecto** genannt). Diese Beugungsform wurde ursprünglich aus dem Infinitiv (Grundform) und dem nachgestellten gebeugten Hilfsverb **haber** (haben) gebildet (z. B. "**hablar he**" = ich werde sprechen). Aus einer Verschmelzung dieser Elemente (aus "**hablar he**" wurde **hablaré,** aus "**hablar has**" wurde **hablarás** usw.) entstanden die heutigen Formen.

Die Beugungsendungen für die Bildung der Zukunft ist bei allen Beugungsklassen gleich; sie werden an den vollständigen Infinitiv (Grundform) angehängt (hier durch Bindestriche abgetrennt):

hablar	sprechen
hablar-é	ich werde sprechen
hablar-ás	du wirst sprechen
hablar-á	er/sie wird sprechen, Sie werden sprechen
hablar-emos	wir werden sprechen
hablar-án	ihr werdet sprechen
hablar-án	sie/Sie werden sprechen

Estará contento / contenta con la habitación.
(er-/sie-)wird-sein zufrieden(m/w) mit das Zimmer
Er / sie wird mit dem Zimmer zufrieden sein.

Comeremos una parrilla gigantesca.
(wir-)werden-essen eine Grillplatte riesige
Wir werden eine riesige Grillplatte essen.

Die Zukunftsform wird auch verwendet, um eine Vermutung auszudrücken.

¿Qué hora será?
welche Stunde (es-)wird-sein
Wie spät mag es sein?

Modalverben (können, müssen, sollen ...)

deber	poder	querer	saber	tener que
debo	puedo	quiero	sé	tengo que
debes	puedes	quieres	sabes	tienes que
debe	puede	quiere	sabe	tiene que
debemos	podemos	queremos	sabemos	tenemos que
deben	pueden	quieren	saben	tienen que
deben	pueden	quieren	saben	tienen que

Die Modalverben werden im allgemeinen in Verbindung mit Vollverben gebraucht und geben der Satzaussage einen zusätzlichen Bedeutungsaspekt (Möglichkeit, Notwendigkeit, Verpflichtung usw.). Exakte Entsprechungen zwischen den deutschen und den spanischen Modalverben gibt es nicht.

deber (müssen, sollen, dürfen)

Mit **deber** wird zumeist eine Notwendigkeit bezeichnet, die sich aus einer moralischen Verpflichtung ergibt.

Debemos apoyar este plan.
(wir-)müssen unterstützen dieser Plan
Wir müssen diesen Plan unterstützen.

No debes hacerlo.
nicht (du-)darfst machen-es
Du darfst das nicht tun.

Wichtig: **deber** als Vollverb bedeutet "schulden, (jemandem etwas) schuldig sein":

¿Qué le debo?
was Ihnen (ich-)schulde
Was schulde ich Ihnen?

poder / saber (können)

Mit **poder** wird eine Möglichkeit oder Fähigkeit ausgedrückt, die von äußeren Umständen, vom Willen oder von einer Erlaubnis abhängt.

¡No puedo más!
nicht (ich-)kann mehr
Ich kann nicht mehr!

Mit **saber** (können, wissen) hingegen bezeichnet man eine erlernte oder angeborene Fähigkeit.

Todos saben nadar.
alle (sie-)wissen schwimmen
Alle können schwimmen.

querer (wollen)

Möchte man einen Willen oder Wunsch ausdrücken, verwendet man das Verb **querer.**

Queremos ir a la playa.
(wir-)wollen gehen an der Strand
Wir wollen zum Strand gehen.

Bei einem höflich geäußerten Wunsch benutzt man statt **quiero** (ich will) die Konjunktivform **quisiera** (ich möchte).

Quisiera ver algunas habitaciones.
(ich-)möchte sehen einige Zimmer
Ich möchte gern einige Zimmer sehen.

Als Vollverb hat **querer** die Bedeutung "lieben".

Te quiero.
dich (ich-)liebe
Ich liebe dich.

tener que (müssen)

Mit **tener que** wird eine Notwendigkeit bzw. ein äußerer Zwang angezeigt.

Tengo que trabajar duro para ganar mi vida.
(ich-)besitze daß arbeiten hart für verdienen mein Leben
Ich muß hart arbeiten, um meinen Lebensunterhalt zu verdienen.

Rückbezügliche Verben

Rückbezügliche (reflexive) Verben haben im Infinitiv (Grundform) stets die zusätzliche Endung **-se** ("sich"), z. B. **lavarse** (sich waschen). Bei der Beugung trennt sich **-se** vom Infinitiv und wird zu einem selbständigen rückbezüglichen Fürwort, das vor dem Verb steht.

lavarse	waschen-sich	sich waschen
me lavo	mich (ich-)wasche	ich wasche mich
te lavas	dich (du-)wäschst	du wäschst dich
se lava	sich (er-/sie-)wäscht	er/sie wäscht sich, Sie (Ez) waschen sich
nos lavamos	uns (wir-)waschen	wir waschen uns
se lavan	sich (sie-)waschen	ihr wascht euch
se lavan	sich (sie-)waschen	sie waschen sich, Sie (Mz) waschen sich

Im Satz nimmt das rückbezügliche Fürwort eine andere Position ein als im Deutschen. Normalerweise steht es direkt vor dem gebeugten Verb. In einer Konstruktion mit Modalverben wird es jedoch an den Infinitiv angehängt.

Tengo que acostumbrarme a la situación nueva.
(ich-)besitze daß gewöhnen-mich an die Situation neue
Ich muß mich an die neue Situation gewöhnen.

Se decide a comprar la casa.
sich (er-/sie-)entschließt zu kaufen das Haus
Er / sie entschließt sich, das Haus zu kaufen.

Neben vielen Verben, die wie im Deutschen rückbezüglich sind oder entsprechend verwendet werden können (wie z. B. **lavar** = waschen, **lavarse** = sich waschen), gibt es Verben, die im Spanischen immer rückbezüglich sind, im Deutschen aber nicht. Dazu gehören z. B.:

levantarse	aufstehen	**llamarse**	heißen
desvestirse	ausziehen	**despertarse**	aufwachen
bañarse	baden	**callarse**	schweigen
quedarse	bleiben	**detenerse**	stehenbleiben
casarse	heiraten	**pelearse**	streiten

Me voy.	**Me llamo Bernt.**
mich (ich-)gehe	mich (ich-)nenne Bernt
Ich gehe weg.	Ich heiße Bernt.

Das rückbezügliche **se** wird auch verwendet, um das deutsche "man" auszudrücken.

Se venden souvenirs.	**Se habla alemán.**
man (sie-)verkaufen Souvenirs	man (er-)spricht deutsch
Man verkauft Souvenirs.	Man spricht Deutsch.

Satzstellung

Der Satzbau im Castellano ist, wie an den vielen Beispielsätzen abzulesen ist, nicht sonderlich schwierig. Zu beachten ist, daß die gebeugten persönlichen Fürwörter ("mir, dir ...", "mich, dich ..."; s. Kap. "Wem? oder Wen?"), die rückbezüglichen Fürwörter ("mich, dich ..."; s. Kap. "Rückbezügliche Verben") sowie das Verneinungswort **no** (nicht) anders als im Deutschen immer direkt vor dem Verb stehen.

Der einfache Aussagesatz folgt meist folgendem Schema:

SUBJEKT (Satzgegenstand)	PRÄDIKAT (Satzaussage)	OBJEKT (Satzergänzung)
El niño	**toma**	**el jugo.**
das Kind	trinkt	der Saft
Das Kind	trinkt	den Saft.
Nosotros	**te damos**	**la llave.**
wir	dir (wir-)geben	der Schlüssel
Wir	geben dir	den Schlüssel.

Auch wenn ein Umstandswort (Adverb) oder ein anderes Wort vorangestellt wird, bleibt das Grundschema erhalten; es erfolgt keine Umstellung von Subjekt und Prädikat wie im Deutschen.

Verneinung

Aussagesätze werden durch **no** (nein, nicht) verneint, das grundsätzlich vor der Satzaussage (Prädikat) steht. Im Castellano wird auch dann das Verb verneint, wenn sich im Deutschen die Verneinung auf das Hauptwort bezieht.

Lamentablemente no puedo venir.
leider(Umst.) nicht (ich-)kann kommen
Ich kann leider nicht kommen.

No tengo tiempo.
nicht (ich-)besitze Zeit
Ich habe keine Zeit.

Es preferible no salir por la noche.
(es-)ist vorzuziehen nicht weggehen in die Nacht
Es ist besser, spätabends nicht wegzugehen.

Die besonderen Verneinungswörter wie "niemand, nichts, niemals" usw. benötigen im Castellano eine besondere Konstruktion, die eigentlich eine doppelte Verneinung darstellt. Dabei wird das Verb mit **no** (nein, nicht) verneint und das spezielle Verneinungswort in der Regel an den Schluß des Satzes gestellt. Unbedingt zu beachten ist, daß eine verdoppelte Verneinung keinen positiven Sinn ergibt!

no ... ninguno	keiner (m)	**no ... nada**	nichts
no ... ninguna	keine (w)	**no ... tampoco**	auch nicht
no ... nadie	niemand	**no ... en ninguna parte**	nirgends
no ... nunca	niemals	**no ... a ninguna parte**	nirgendwohin
no ... jamás	niemals	**no ... de ninguna parte**	nirgendwoher

No entiendo nada.
nicht (ich-)verstehe nichts
Ich verstehe nichts.

Die Verneinung des Verbs entfällt nur dann, wenn das besondere verneinende Wort (z. B. "nie, nichts ...") dem Verb vorangestellt ist.

Nunca he comido tanto.
nie (ich-)habe gegessen soviel
Nie habe ich soviel gegessen.

Ella tampoco sabe la verdad.
sie auch-nicht (sie-)weiß die Wahrheit
Sie kennt auch nicht die Wahrheit.

Fragen

Entscheidungsfragen

Entscheidungsfragen sind Fragen, die man nur mit **sí** (ja) oder **no** (nein) beantworten kann. In der Regel wird in der Frage Satzgegenstand (Subjekt) und Satzaussage (Prädikat) gegenüber der Wortstellung im normalen Aussagesatz vertauscht.

Carlos compra unas manzanas.
Carlos (er-)kauft einige Äpfel
Carlos kauft (einige) Äpfel.

¿Compra Carlos unas manzanas?
(er-)kauft Carlos einige Äpfel
Kauft Carlos (einige) Äpfel?

Este es el camino hacia ...
dies (er-)ist der Weg nach ...
Das ist der Weg nach ...

¿Es este el camino hacia ...?
(er-)ist dies der Weg nach ....
Ist das der Weg nach ...?

Es ist im Prinzip auch möglich, die Wortfolge des Aussagesatzes beizubehalten und nur mittels der Satzmelodie anzuzeigen, daß es sich um eine Frage handelt. Das ist übrigens typisch für den östlichen Küstenbereich Venezuelas.

¿Carlos compra manzanas?
Carlos (er-)kauft Äpfel
Carlos kauft Äpfel?

¿Este es el camino hacia ...?
dies (er-)ist der Weg nach ...
Das ist der Weg nach ...?

Ergänzungsfragen

Ergänzungsfragen werden durch Fragewörter eingeleitet; man antwortet mit einem vollständigen Satz. Auch hier werden Satzgegenstand (Subjekt) und Satzaussage (Prädikat) in der Regel umgestellt.

¿Dónde esta la Plaza Bolívar?
wo (er-)ist der Platz Bolívar
Wo ist die Plaza Bolívar?

¿Cuándo viene tu hermana?
wann (sie-)kommt deine Schwester
Wann kommt deine Schwester?

¿cuándo?	wann?	**¿cuánto tiempo?** wieviel Zeit	wie lange?
¿por qué?	warum?	**¿dónde?**	wo?
¿qué?	was?	**¿para qué?** für was	wofür?
¿cual?	welche(r)?	**¿de dónde?** von wo	woher?
¿quién?	wer?	**¿a dónde?** nach wo	wohin?
¿cómo?	wie?		
¿cuánto?	wieviel?		
¿cuántos? (m)	wie viele?		
¿cuántas? (w)	wie viele?		

Etliche Fragewörter sind mit Bindewörtern identisch. Um sie von diesen zu unterscheiden, werden Fragewörter mit einem Akzent geschrieben, Bindewörter nicht, z. B. **¿cuándo?** (wann?), aber **cuando** (wenn, als).

¿Hola, cómo le va?
hallo, wie Ihnen (es-)geht
Hallo, wie geht es Ihnen?

¿Cuánto vale este bolso?
wieviel (sie-)kostet diese Tasche
Wieviel kostet diese Tasche?

¿Cuándo llega el autobús?
wann (er-)ankommt der Bus
Wann kommt der Bus an?

¿Cómo te llamas?
wie dich (du-)rufst
Wie heißt du?

¿Quién es ese?	**¿Qué es eso?**	**¿Dónde vives?**
wer (er-)ist dieser	was (es-)ist dieses	wo (du-)wohnst
Wer ist das?	was ist das?	Wo wohnst du?

Auffordern & Befehlen

Die Bildung der Befehlsform (Imperativ) ist einfach, wenn man den Ansprechpartner duzt. Dann ist die Befehlsform mit der 3. Person Einzahl Gegenwart ("er/sie ...") identisch. In der Wort-für-Wort-Übersetzung ist die Befehlsform mit einem Ausrufezeichen in Klammern gekennzeichnet.

habla	er/sie spricht	**¡habla!**	sprich!
come	er/sie ißt	**¡come!**	iß!
vive	er/sie lebt	**¡vive!**	leb!

¡Habla más alto!
(er-/sie-)spricht(!) mehr laut
Sprich lauter!

¡Come, Francisco!
(er-)ißt(!), Francisco
Iß, Francisco!

Fordert man mehrere Personen, die man duzt, zu etwas auf, geht man von der 3. Person Mehrzahl ("sie") aus: Die Endung **-an** wird durch **-en** ersetzt, und **-en** wird durch **-an** ersetzt:

hablan	sie sprechen	**¡hablen!**	sprecht!
comen	sie essen	**¡coman!**	eßt!
viven	sie leben	**¡vivan!**	lebt!

Wird eine Person gesiezt, geht man von der Du-Befehlsform Einzahl aus: Die Endung **-a** wird regelmäßig durch **-e** ersetzt, und **-e** wird durch **-a** ersetzt. (Im Castellano ist dies die Möglichkeitsform, genannt **subjuntivo**).

¡habla!	sprich!	**¡hable!**	sprechen Sie!
¡come!	iß!	**¡coma!**	essen Sie!
¡vive!	leb!	**¡viva!**	leben Sie!

Oft wird der Sie-Befehlsform darüber hinaus **Usted** nachgestellt:

¡Hable Usted!	**¡Coma Usted todo!**	**¡Viva Usted bien!**
(Er-/Sie-)spreche(!) Sie	(Er-/Sie-)esse(!) Sie alles	(Er-/Sie-)lebe(!) Sie gut(Umst.)
Sprechen Sie!	Essen Sie alles!	Leben Sie wohl!

Unregelmäßige Befehlsformen bilden die folgenden häufig gebrauchten Verben; hier nur die wichtigsten:

ir(se) (gehen)	**¡ve(te)!** (geh!)	**¡vaya(se)!** (gehen Sie!)
dar (geben)	**¡da!** (gib!)	**¡dé!** (geben Sie!)
decir (sagen)	**¡di!** (sag!)	**¡diga!** (sagen Sie!)
estar (sein)	**¡está!** (sei!)	**¡esté!** (seien sie!)
haber (haben)	**¡he!** (hab!)	**¡haya!** (haben Sie!)
hacer (machen)	**¡haz!** (mach!)	**¡haga!** (machen Sie!)
oír (hören)	**¡oye!** (hör!)	**¡oiga!** (hören Sie!)
salir (weggehen)	**¡sal!** (geh fort!)	**¡salga!** (gehen Sie fort!)
ser (sein)	**¡sé!** (sei!)	**¡sea!** (seien sie!)
tener (haben, besitzen)	**¡ten!** (hab!)	**¡tenga!** (haben Sie!)
venir (kommen)	**¡ven!** (komm!)	**¡venga!** (kommen Sie!)
ver (sehen)	**¡ve!** (sieh!)	**¡vea!** (sehen Sie!)

¡Ven aquí!	**¡Tome Usted esto!**
(er-/sie-)kommt(!) hier	(Er-/Sie-)nehme(!) Sie dieses
Komm her!	Nehmen Sie das hier!

Die Sie-Befehlsform wird mit vorangestelltem **no** (nicht) verneint:

¡hable!	sprechen Sie!	**¡no hable!**	sprechen Sie nicht!
¡haga!	machen Sie!	**¡no haga!**	machen Sie nicht!

Die Verneinung der Du-Befehlsform ist komplizierter, da nicht nur **no** (nicht) vorangestellt wird, sondern sich auch die Befehlsform verändert. Im Castellano wird die Möglichkeitsform **(subjuntivo)** verlangt, auf dessen Erklärung wir hier aus Gründen der Übersicht verzichten möchten. Sicherlich wird man auch verstanden, wenn man der Befehlsform einfach nur **no** voranstellt.

Eine Besonderheit ist hier noch zu erwähnen: Werden die gebeugten persönlichen oder die rückbezüglichen Fürwörter in eine Befehlsform eingebaut, so werden sie an diese angehängt:

me dice	mir (er-/sie-)sagt	er/sie sagt mir
¡dime!	(er-/sie-)sagt-mir(!)	sag mir!
se va	sich (er-/sie-)weggeht	er/sie geht weg
¡vete!	(er-/sie-)weggeht-sich(!)	geh weg!

Verlaufsform

Die Verlaufsform, wie sie sehr häufig im Castellano Verwendung findet, ist eine Konstruktion, die in vergleichbarer Form im Deutschen nicht benutzt wird (wohl aber im Englischen). Bezeichnet wird damit eine gerade ablaufende Handlung. Die Verlaufsform setzt sich aus der jeweiligen gebeugten Form von **estar** (sein) und dem Partizip I (Mittelwort der Gegenwart, z. B.: "sprechend, essend") zusammen.

Wie das Partizip II (z. B. "gesprochen, gegessen") wird auch das Partizip I ganz regelmäßig gebildet, indem die Endung des Infinitivs (Grundform) durch **-ando** bzw. **-iendo** ersetzt wird.

● **-ar** wird zu **-ando: hablar** (sprechen)	**hablando** (sprechend)
● **-er** wird zu **-iendo: comer** (essen)	**comiendo** (essend)
● **-ir** wird zu **-iendo: vivir** (leben)	**viviendo** (lebend)

Ella está escribiendo una carta.
sie (sie-)ist schreibend ein Brief
Sie schreibt gerade einen Brief.

Están saliendo.
(sie-)sind weggehend
Sie sind dabei fortzugehen.

Bindewörter (Konjunktionen)

Aus der Vielzahl der Bindewörter, die Sätze oder Satzteile verknüpfen, seien hier einige der wichtigsten genannt:

y	und	**porque**	weil
o	oder	**si**	wenn, falls; ob
pero	aber	**cuando**	wenn, als; sobald
aunque	obwohl	**como**	wie; da
sino	sondern	**que**	daß; denn, da;
sin embargo	jedoch		welche(r, -s)

Einige der Bindewörter werden in verschiedenen Bedeutungen verwendet.

Si viene él, yo me quedo.
wenn kommt er, ich mich (ich-)bleibe
Wenn er kommt, bleibe ich hier.

Me pregunto si viene él.
mich (ich-)frage ob (er-)kommt er
Ich frage mich, ob er kommt.

Die Funktionen von **que** sind besonders vielfältig. Es übernimmt die Bedeutung des deutschen "daß", tritt aber auch als Relativpronomen "welcher, welche, welches" oder als Vergleichspartikel "als" im Vergleichssatz auf:

Dice que viene pronto.
(er-)sagt daß (er-)kommt bald
Er sagt, daß er bald komme.

La mesa que está allí.
der Tisch welcher (er-)ist dort
Der Tisch, der dort steht.

Isabel trabaja mejor que otros.
Isabel (sie-)arbeitet besser als andere
Isabel arbeitet besser als andere.

Verhältniswörter (Präpositionen)

a	nach, zu	**en**	in, an, auf
bajo	unter	**entre**	zwischen
cerca de	nahe bei	**fuera de**	außerhalb von
con	mit	**hacia**	gegen, in Richtung
contra	gegen	**hasta**	bis
de	von, aus	**junto a**	neben
delante de	vor	**para**	für
dentro de	innerhalb von	**por**	wegen; durch; für
desde	von ... aus; seit	**sin**	ohne
detrás de	hinter	**sobre**	auf

Wie wohl bei jeder anderen Sprache auch wird man einige Zeit benötigen, um den richtigen Gebrauch der Verhältniswörter im Castellano zu erlernen. Eine markante Schwierigkeit ist z. B. die Unterscheidung von **para** und **por:**

● Mit **para** wird ein Zweck, eine Bestimmung oder eine persönliche Ansicht bezeichnet.

Esta hamaca es un regalo para mi hermano.
diese Hängematte (sie-)ist ein Geschenk für mein Bruder
Diese Hängematte ist ein Geschenk für meinen Bruder.

Para él es una cosa extraordinaria.
für er (es-)ist eine Sache außergewöhnliche
Für ihn ist es eine außergewöhnliche Sache.

● **Por** dient einmal zur Angabe eines Grundes oder einer Ursache, dann aber auch als Orts- oder Zeitangabe.

El se queda dentro de la casa por la lluvia.
er sich (er-)bleibt drinnen von das Haus wegen der Regen
Er bleibt im Haus wegen des Regens.

Viaja por Venezuela.
(er-/sie-)reist durch Venezuela
Er/sie reist durch Venezuela.

Besonders zu beachten ist, daß man bei dem Hinweis auf das benutzte Verkehrsmittel nicht, wie man vom Deutschen her erwarten könnte, **con** (mit), sondern **en** (in) verwendet:

No vamos en taxi, sino en autobús.
nicht (wir-)fahren in Taxi, sondern in Autobus
Wir fahren nicht mit dem Taxi, sondern mit dem Bus.

Stehen die Verhältniswörter **a** und **de** vor dem bestimmten männlichen Artikel **el**, bilden sie zusammen mit diesem eine neue Form:

a	+	**el**	=	**al**	(zu dem, zum, nach dem)
de	+	**el**	=	**del**	(von dem, vom)

Mit dem weiblichen Artikel **(a la/las, de la/las)** und mit dem männlichen Artikel Mehrzahl **(a los, de los)** verschmelzen sie jedoch nicht.

Zahlen & Zählen

Grundzahlen

0 **cero**	10 **diez**	
1 **uno, una**	11 **once**	
2 **dos**	12 **doce**	20 **veinte**
3 **tres**	13 **trece**	30 **treinta**
4 **cuatro**	14 **catorce**	40 **cuarenta**
5 **cinco**	15 **quince**	50 **cincuenta**
6 **seis**	16 **dieciséis**	60 **sesenta**
7 **siete**	17 **diecisiete**	70 **setenta**
8 **ocho**	18 **dieciocho**	80 **ochenta**
9 **nueve**	19 **diecinueve**	90 **noventa**

Zu beachten ist, daß es für "eins" eine männliche und eine weibliche Form gibt!

Bei den zusammengesetzten Zahlen stellt man die Einer den Zehnern nach, diese wiederum den Hunderten usw. Zwischen Zehner und Einer wird **y** (und) geschoben. Ausnahmen sind lediglich die zusammengesetzten Zahl von 21 bis 29:

21 **veintiuno, -una**	31 **treinta y uno/una**	74 **setenta y cuatro**
22 **veintidos**	32 **treinta y dos**	85 **ochenta y cinco**
23 **veintitres**	33 **treinta y tres**	96 **noventa y seis**

In allen zusammengesetzten Zahlen heißt "100" **ciento,** ab "200" heißt es jedoch **cientos** (m) bzw. **cientas** (w), je nach Geschlecht des dazugehörigen Hauptwortes.

100	**cien (ciento)**	1000	**mil**
200	**doscientos**	2000	**dos mil**
300	**trescientos**	3000	**tres mil**
400	**cuatrocientos**		usw.
500	**quinientos**	10.000	**diez mil**

una hora eine(w) Stunde	eine Stunde
cuarenta y una vacas vierzig und eine(w) Kühe	41 Kühe
setecientos bolívares siebenhundert Bolívares	700 Bolívares
doscientas treinta y tres botellas zweihundert dreißig und drei Flaschen	233 Flaschen

Ordnungszahlen

Ordnungszahlen verhalten sich wie Eigenschaftswörter und richten sich in Zahl und Geschlecht nach dem dazugehörigen Hauptwort, dem sie in der Regel vorangestellt sind. Die weibliche Form der Ordnungszahl erhält man, indem man die Endung **-o** durch **-a** ersetzt.

primero	erster	**undécimo**	elfter
segundo	zweiter	**duodécimo**	zwölfter
tercero	dritter	**decimotercero**	dreizehnter
cuarto	vierter	**decimocuarto**	vierzehnter
quinto	fünfter	usw.	
sexto	sechster		
séptimo	siebter		
octavo	achter		
noveno	neunter		
décimo	zehnter		

Bei der Ordnungszahl **primero** (erster) entfällt die Endung **-o** vor männlichen Hauptwörtern

el primer piso
erster Stock

el segundo piso
zweiter Stock

Es la segunda vez que estoy en Venezuela.
(es-)ist das zweite(w) Mal daß (ich-)bin in Venezuela
Es ist das zweite Mal, daß ich in Venezuela bin.

Bruchzahlen

medio	einhalb
un tercio	ein Drittel
un cuarto	ein Viertel

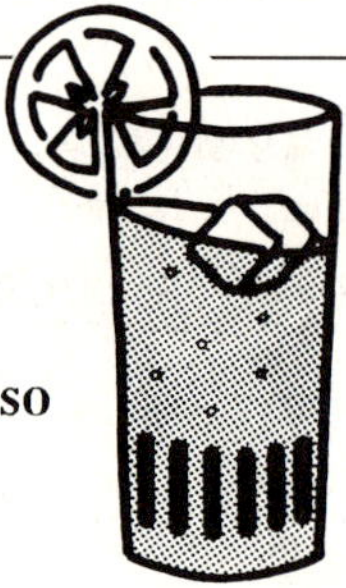

un vaso

Maße & Mengenangaben

un centímetro	1 cm	**un litro**	1 l
un metro	1 m	**un gramo**	1 g
un kilómetro	1 km	**un kilogramo**	1 kg

un puñado	eine Handvoll	**una dozena**	ein Dutzend
una botella	eine Flasche	**un vaso**	ein Glas
una ración	eine Portion		

Zeit & Datum

allgemeine Zeitangaben

hoy	heute	**ahora**	jetzt
mañana	morgen	**de inmediato,**	sofort, gleich
pasado mañana	übermorgen	**enseguida**	
ayer	gestern	**pronto**	bald
anteayer	vorgestern	**a veces,**	manchmal
tarde	spät	**de vez en cuando**	
temprano	früh	**muchas veces**	oft
ya	schon	**siempre**	immer
todavía	noch	**nunca**	nie

hace una semana
(es-)macht eine Woche
vor einer Woche

desde ayer
seit gestern
seit gestern

a partir de hoy en tres días
von weggehen von heute in drei Tagen
heute in drei Tagen

Uhrzeit

Zur Angabe der Uhrzeit wird das Verb **ser** (sein) benutzt. Die Stunde wird immer mit dem bestimmten Artikel genannt; da **hora** (Stunde) ein weibliches Hauptwort ist, werden jeweils die weiblichen Formen gewählt. - Die Frage nach der Uhrzeit lautet:

¿Qué hora es?
welche Stunde (es-)ist
Wie spät ist es?

Es la una. (es-)ist die eine(w) Es ist ein Uhr.	**Son las dos.** (sie-)sind die zwei Es ist zwei Uhr.	**Son las tres.** (sie-)sind die drei Es ist drei Uhr.

Im allgemeinen werden in Venezuela die Stunden nur im 12-Stunden-Rhythmus gezählt, eine Angabe wie etwa "achtzehn Uhr" ist unüblich. Um Mißverständnisse zu vermeiden, kann die Tageszeit hinzugefügt werden:

... de la mañana	... von der Morgen	... morgens
... de la tarde	... von die spät	... nachmittags
... de la noche	... von die Nacht	... abends/nachts

Son las seis de la mañana. Es ist sechs Uhr in der Früh (6.00).
(sie-)sind die sechs von der Morgen
Son las seis de la tarde. Es ist sechs Uhr abends (18.00).
(sie-)sind die sechs von die spät

In der Zeitung, auf Tafeln und in anderen schriftlichen Zusammenhängen findet man auch die Abkürzungen **a.m.** (= **antes del meridiano**) für die Uhrzeiten vor 12.00 Uhr und **p.m.** (= **pasado el meridiano**) für die Uhrzeiten nach 12.00 Uhr.

Minuten, Viertelstunden und halbe Stunden werden zu den vollen Stunden mit **y** hinzugezählt oder auf die folgende volle Stunde mit **para** (für) bezogen.

las cinco y diez die fünf und zehn zehn nach fünf	**cinco para las ocho** fünf für die acht fünf vor acht
la una y cuarto die eine(w) und viertel viertel nach eins	**un cuarto para las tres** ein viertel für die drei viertel vor drei
las dos y media die zwei und halb halb drei	

Es gibt darüber hinaus noch folgende feststehende Ausdrücke:

Es mediodía. (es-)ist Mittag	Es ist zwölf Uhr mittags.
Es medianoche. (es-)ist Mitternacht	Es ist Mitternacht.
Son las dos en punto. (sie-)sind die zwei in Punkt	Es ist genau zwei Uhr.
Son las dos y pico. (sie-)sind die zwei und Spitze	Es ist kurz nach zwei Uhr.

¿A qué hora vienes?
zu welche Stunde (du-)kommst
Um wieviel Uhr kommst du?

A las cinco y pico.
zu die fünf und Spitze
Kurz nach fünf.

Wochentage

lunes	Montag	**viernes**	Freitag
martes	Dienstag	**sábado**	Samstag
miércoles	Mittwoch	**domingo**	Sonntag
jueves	Donnerstag	**día feriado**	Feiertag

Wendungen wie "am Montag" oder "montags" werden im Castellano mit dem bestimmten Artikel ausgedrückt.

Nos encontramos el sábado.
uns (wir-)treffen der Samstag
Wir treffen uns am Samstag.

Los lunes muchos museos en Venezuela están cerrados.
die Montage viele Museen in Venezuela (sie-)sind geschlossene
Montags sind viele Museen in Venezuela geschlossen.

Monate

enero	Januar	**julio**	Juli
febrero	Februar	**agosto**	August
marzo	März	**septiembre**	September
abril	April	**octubre**	Oktober
mayo	Mai	**noviembre**	November
junio	Juni	**diciembre**	Dezember

en julio
in Juli
im Juli

en el mes de julio
in der Monat von Julio
Im Monat Julio

Datum

Beim Datum wird lediglich der erste des Monats als Ordnungszahl angegeben, sonst werden die Tage mit den Grundzahlen benannt. Bei den Jahreszahlen zählt man nicht wie im Deutschen mit Vielfachen von Hundert (z. B. "Neunzehnhundert"), sondern mit **mil** (tausend).

¿Qué fecha tenemos?
welches Datum (wir-)besitzen
Welches Datum haben wir?

el quince de septiembre
der fünfzehn von September
den 15. September

el primero de octubre de mil novecientos noventa y tres
der erste von Oktober von tausend neunhundert neunzig und drei
der 1. Oktober 1993

Nací el cuatro de enero ...
(ich-)wurde-geboren der vier von Januar ...
Ich wurde am 4. Januar ... geboren.

¿Qué día tenemos hoy?
welcher Tag (wir-)besitzen heute
Welchen Tag haben wir heute?

Hoy es sábado.
heute (es-)ist Samstag
Heute ist Samstag.

Jahreszeiten

la primavera	Frühling	**el otoño**	Herbst
el verano	Sommer	**el invierno**	Winter

Die Bezeichnungen für die Jahreszeiten werden stets mit dem Artikel verwendet.

Etwas verwirrend ist der Gebrauch der Begriffe **verano** und **invierno** in Venezuela. Das Land gehört noch zur nördlichen Hemisphäre, trotzdem werden die "Wintermonate" von November bis April als **verano** (Sommer) bezeichnet, während der Name **invierno** (Winter) für die "Sommermonate" von Mai bis Oktober gilt. Das rührt daher, daß diese Namen sich nicht auf den für die gemäßigten Breiten typischen Jahreszeitenwechsel beziehen, sondern auf den Wechsel von Trocken- und Regenzeit. Und in Spanien, von wo diese Sprachregelung stammt, fällt eben der meiste Regen im Winterhalbjahr.

Kurz - Knigge

Venezuela ist ein Land, in dem der **europäische,** insbesondere **spanische Einfluß** in vielfältiger Hinsicht wirksam und auch erkennbar ist. Schon aufgrund der sprachlichen, kulturellen und religiösen Gemeinsamkeiten wird der Europäer kaum in Situationen geraten, die vollkommen andersartig und fremd erscheinen werden. Man wird daher im allgemeinen nur höchst selten tiefgreifende Mißverständnisse erleben oder sogar Schwierigkeiten bekommen, wenn man den Einheimischen mit dem gleichen Respekt und Takt begegnet, den man in den Ländern des heimischen Kontinents im zivilen Umgang walten läßt und erwartet.

● Gleichwohl gibt es mancherlei Ungewohntes, auch Widersprüchliches. So ist der **Umgang der Menschen miteinander,** vor allem in den heißen Gebieten an der Karibikküste, sehr viel lockerer, offener und unkomplizierter, als man es in Deutschland gewohnt ist.

● Es stellt sich sehr schnell ein Kontakt her, und einem **Flirt** ist keiner abgeneigt. Das heißt aber andererseits nicht, daß ein absolut freizügiges Verhalten etwa im Bereich der Sexualität allgemein akzeptiert wäre. Noch immer werden in weiten Kreisen der Gesellschaft moralische Regeln streng beachtet, die sich letztlich dem Katholizismus verdanken. Auch die erotische Piraterie mancher venezolanischer Männer ändert daran nichts, sie folgt ihrerseits einem weithin anerkannten Gesetz, dem des Machotums.

● Auf sehr sinnfällige Weise drückt sich der spielerische Umgang mit Regeln, die gleichwohl nicht verletzt werden, in der **Kleidung** der Venezolaner aus. Die Bikinis, die am Strand getragen werden, können knapper kaum ausfallen, verpönt ist es allerdings, die Hüllen ganz fallen zu lassen. Shorts und Sandalen werden von venezolanischen Männern nur am Strand getragen, sonst kleiden sie sich formell, im Büro zumeist mit Jackett und Krawatte, wenn diese auch wiederum sehr viel farbenfroher sind als die ihrer deutschen Kollegen. Selbstverständlich wird auch von Touristen erwartet, in der Stadt, in Kirchen und offiziellen Gebäuden angemesse Kleidung zu tragen.

● Eher informell ist der Umgang des Venezolaners mit der **Zeit** und mit Terminen. **Pünktlichkeit** ist nicht gerade seine hervorstechendste Eigenschaft, und Verabredungen sind nicht immer als feste Zusage zu verstehen, eher als Vorschläge, die man gegebenenfalls auch wieder fallenlassen kann. Und das schon legendäre **mañana** muß in der Tat nicht "morgen" heißen, sondern kann auch eine freundliche Umschreibung von "nein" bedeuten.

● Auf den **alltäglichen Lebensrhythmus,** der so sehr anders als der gewohnte gar nicht ist, wird man sich schnell einstellen können. Das **Frühstück** wird recht früh serviert, **Mittagessen** gibt es ab 12 Uhr, die Kaffeepause oder **merienda** macht man zwischen 3 und 4 Uhr nachmittags. Zum **Abendessen** kann man bereits ab 19 Uhr gehen; aber auch drei Stunden später wird man, zumindest in den größeren Städten, noch offene Lokale finden. **Feiern** ziehen sich leicht bis zum nächsten Morgen hin, in vielen Diskotheken in Caracas und auf Margarita wird es erst kurz vor Mitternacht so richtig lebendig.

● Wenn man einander vorgestellt wird, gibt man sich in der Regel die rechte Hand, sonst ist das **Händeschütteln** nicht so verbreitet wie in Deutschland. Unter guten Bekannten oder Freunden begrüßen und verabschieden sich Frauen untereinander sowie Männer und Frauen mit einem **Kuß auf die Wange.** Männer küssen und umarmen sich nicht, ihre Form der Intimität besteht darin, sich bei der Begrüßung die rechte Hand zu geben und sich gleichzeitig mit der linken gegenseitig auf die Schulter zu klopfen.

● Während einer **Unterhaltung,** die nicht selten recht laut geführt wird, benutzen Venezolaner zwar oftmals expressive Gebärden, ein besonders umfangreiches gestisches Vokabular mit feststehenden Bewegungen gibt es jedoch nicht. Darum können hier einige wenige Hinweise genügen:

● Wenn man beispielsweise **mit den Fingern zählt,** beginnt man in Venezuela nicht mit dem Daumen, sondern mit dem kleinen Finger.

● Eine recht häufig zu sehende **Bekräftigungsgeste** während eines Gesprächs ist das zweimalige, in beiderlei Richtung erfolgende Gegeneinanderstreichen der Handflächen.

● Eine venezolanische Spezialität ist es, mit einer Mundbewegung **auf jemanden zu deuten.** Dabei wird zwei- oder dreimal schnell der Mund in die Richtung desjenigen, auf den man aufmerksam machen will, gespitzt.

● Den **Kreis,** der **mit erhobener Hand von Daumen und Zeigefinger** gebildet wird und in Deutschland ein Lob über eine besonders gute Leistung oder ein delikates Mahl ausdrückt, sollte man in Venezuela vermeiden: Diese Gebärde gilt hier als Beleidigung und heißt soviel wie "Arschloch".

Namen & Anrede

Namen

Im allgemeinen führen die Venezolaner, nach spanischem Vorbild, zwei Nachnamen **(apellidos):** als ersten den des Vaters und als zweiten den der Mutter.

Francisco	**Herrera**	**Luque**
(= Vorname)	(= Nachname des Vaters)	(= Nachname der Mutter)
(Autor des Bestsellers "Faustmond")		

Ob die Venezolaner diesen Namen, der in ihrem Paß steht, auch im alltäglichen Leben vollständig benutzen, ist durchaus unterschiedlich. Häufig findet man deshalb auch nur den einfachen Nachnamen (den des Vaters).

Rafael Caldera (Präsident Venezuelas von 1969 bis 1974)

oder auch zwei Vornamen **(nombres)** und einen Nachnamen:

Carlos Andrés Peréz (Präsident Venezuelas 1974-1979/1989-1993)

Zuweilen begegnet man auch heute noch bei verheirateten Frauen der folgenden Namensform:

María García de Fernández

García ist der Name des Vaters von **María,** nach dem Verhältniswort **de** (von) steht der erste Nachname ihres Ehegatten, eben **Fernández.**

Anrede

Bei der höflichen Anrede verwendet man in den meisten Fällen **Señor** bzw. **Señora:**

Señor López	Herr López
Señora López	Frau López

Im Gegensatz zum Deutschen, in dem die entsprechende Form ("mein Herr", "meine Dame") sehr veraltet klingt, ist es im Castellano möglich und üblich, den Anredetitel allein ohne den Nachnamen zu benutzen.

Señor, ¿qué autobús va a Maracaibo?
Herr, welcher Bus fährt nach Maracaibo?

Die Anrede **señorita** für unverheiratete Frauen wird, ähnlich wie in Deutschland, kaum mehr benutzt. Nur noch in einigen Regionen gebräuchlich ist die zugleich respektvolle und vertrauliche Anrede mit dem alten Titel **Don** (Herr) bzw. **Doña** (Frau) und dem Vornamen:

Don Florentino	**Doña Inés**

Ältere Personen behandelt man grundsätzlich mit besonderem Respekt, was sich bereits in der Form des sprachlichen Umgangs ausdrückt. Nicht selten werden sie gesiezt, während sie gleichzeitig ihre jüngeren Gesprächspartner mit "Du" anreden. Zwischen jüngeren Personen ist allgemein das Du üblich.

In der Umgangssprache werden Personen, denen man etwas sagen oder die man etwas fragen will, betont leger angesprochen. Die Fragen oder Aussagen werden mit einem **¡ey chamo!** (hey, Junge!), **¡mira muchacha!** (schau, Mädchen!) oder ähnlichen Zurufen eingeleitet. Typisch ist außerdem die Verwendung von Verwandtschaftsbezeichnungen bei Kontakten auf der Straße.

Hermano, ¿dónde está el puerto?
Bruder, wo ist der Hafen?

Pero, compadre, eso no es un buen precio.
aber, Gevatter, das nicht (es-)ist ein guter Preis
Aber Gevatter, das ist wirklich kein guter Preis.

Für Ausländer sind mehrere Bezeichnungen im Umlauf: In ganz Lateinamerika bekannt ist das Wort **gringo,** das sich in erster Linie auf Nordamerikaner bezieht (die USA werden dementsprechend manchmal scherzhaft **Gringolandia** genannt); typisch für Venezuela ist der Ausdruck **musiú,** der sich vom französischen "Monsieur" herleitet.

Zur höflichen Anrede mit **Usted/Ustedes** (Sie, Ez/Mz) vergleiche das Kapitel "Persönliche Fürwörter".

Begrüßen / Verabschieden

begrüßen

¡Hola!	Hallo!
¡Buenos días!	Guten Tag! Guten Morgen!
¡Buenas tardes!	Guten Tag! (nachmittags)
¡Buenas noches!	Guten Abend! Gute Nacht!
¡Bienvenido!	Willkommen! (zum Mann)
¡Bienvenida!	Willkommen! (zur Frau)

Oftmals sagt man auch, etwa bei dem Eintritt in ein Geschäft, nur ein kurzes **¡Buenas!**. - Wenn man sich näher kennt:

¡Hola! ¿Cómo estás?
hallo! wie (du-)bist
Hallo! Wie geht's?

¿Qué tal?
was solches
Wie geht's?

¿Cómo va la cosa?
wie (sie-)geht die Sache
Wie geht's?

Muy bien, gracias, ¿y tú?
sehr gut, danke, und du
Danke, sehr gut, und dir?

Más o menos.
mehr oder weniger
Es geht.

Como siempre.
wie immer
Wie immer.

¿Cómo está Usted?
wie (es-)ist Sie
Wie geht es Ihnen?

verabschieden

¡Adiós!	zu-Gott	Auf Wiedersehen!
¡Hasta luego!	bis nachher	Bis bald!
¡Hasta la vista!	bis die Sicht	Auf Wiedersehen!
¡Hasta mañana!	bis morgen	Bis morgen!
¡Hasta más tarde!	bis mehr spät	Bis später!

Me tengo que ir.
mich (ich-)besitze daß gehen
Ich muß gehen.

Nos vamos.
uns (wir-)gehen
Wir gehen.

¡Qué te vaya bien!
was dich (es-)möge-gehen gut
Alles Gute!

¡Ve con Dios!
(er-/sie-)gehe mit Gott!
Gott sei mit dir!

Bitten, Danken, Wünschen

bitten

Me permite.
mir (Er-/Sie-)erlaubt
Gestatten Sie?

¡Por favor!
bitte
Bitte!

Con permiso, ¿puedo ...?
mit Erlaubnis, (ich-)kann ...
Bitte, darf ich ...?

danken

Muchas gracias por ...
viele Danke(Mz) für ...
Vielen Dank für ...

Le agradezco su amabilidad.
Ihm/Ihr (ich-)danke Seine/Ihre Freundlichkeit
Ich danke Ihnen für Ihre Freundlichkeit.

Auf ein "danke!" kann man antworten mit:

¡De nada!
von nichts
Keine Ursache!

wünschen

Sätze, die einen Wunsch ausdrücken, können mit diesen Formulierungen eingeleitet werden:

Deseo un ... (ich-)wünsche ein ... Ich wünsche ein ...	**Desearía ...** (ich-)würde-gerne ... Ich würde gerne ...	**Quiero ...** (ich-)will ... ich will ...
Quisiera ... (ich-)würde-gerne-wollen ... Ich möchte gerne ...	**Tengo ganas de ...** (ich-)habe Lüste von ... Ich habe Lust zu ...	**Espero que ...** (ich-)hoffe daß ... Ich hoffe, daß ...

¡Buena suerte!	Viel Glück!
¡Qué te vaya bien!	Alles Gute!
¡Qué te diviertas!	Viel Vergnügen!
¡Buen viaje!	Gute Fahrt!
¡Qué duermas bien!	Schlaf gut!
¡Te deseo mucha suerte!	Ich drücke dir die Daumen!
¡Ojalá!	Hoffentlich!
¡Feliz cumpleaños!	Herzlichen Glückwunsch zum Geburtstag!
¡Feliz navidad!	Frohe Weihnachten!
¡Feliz año nuevo!	Frohes neues Jahr!

Floskeln & Redewendungen

sich entschuldigen

¡Perdón!	Entschuldigung	Entschuldigung!
¡Perdóneme!	(Er-/Sie-)entschuldige-mich	Entschuldigen Sie mich!
¡Disculpa!	(er-/sie-)entschuldigt	Entschuldige!

No fue mi intención.
nicht (es-)war meine Absicht
Es war keine Absicht

No ha pasado nada.
nicht (es-)hat passiert nichts
Es ist nichts passiert.

No se preocupe.
nicht sich (Er-/Sie-)sorge
Machen Sie sich keine Sorgen.

Lo siento mucho.
es (ich-)fühle sehr
Es tut mir sehr leid.

zustimmen / Vorschlag annehmen

¡Sí!	Ja!
¡Ciertamente!	Sicher!
¡En efecto! in Wirkung	In der Tat!
¡Exactamente!	Genau!
¡Naturalmente!	Natürlich!
¡Es verdad! (es-)ist Wahrheit	Das ist wahr!

De acuerdo.
von Übereinstimmung
Einverstanden.

Tiene razón.
(Er-/Sie-)hat Vernunft
Sie haben recht.

Eso es cierto.
das (es-)ist gewiß
Das ist wahr.

Con mucho gusto.
mit viel Vergnügen
Mit Vergnügen.

Está bien.
(es-)ist gut
Ist gut.

¡Es una buena idea!
(es-)ist eine gute Idee
Gute Idee!

Umgangssprachlich ist:

¡De bolas!
von Kugeln
Sicher!

ablehnen

No, gracias.
nein, danke
Nein danke.

No acepto la invitación.
nicht (ich-)akzeptiere die Einladung
Ich nehme die Einladung nicht an.

No estoy de acuerdo.
nicht (ich-)bin von Übereinstimmung
Damit bin ich nicht einverstanden.

¡De ninguna manera!
von keine Form
Auf keinen Fall!

No es así.
nicht (es-)ist so
Das ist nicht so.

Está equivocado / equivocada.
(Er-/Sie-)ist geirrt(m/w)
Sie irren sich.

No me convence.
nicht mich (es-)überzeugt
Das überzeugt mich nicht.

No lo creo.
nicht es (ich-)glaube
Ich glaube das nicht.

In der Umgangssprache sind üblich:

¡Mentira!	Lüge!
¡Tonterías!	Quatsch!

¡Qué tonterías estás diciendo!
was Blödsinn(Mz) (du-)bist sagend
Was für einen Blödsinn erzählst du!

¡No me vengas con vaina!
nicht mir (du-)kommest mit Degenscheide
Komm mir nicht damit!

sich freuen

Lo paso muy bien.
es (ich-)verbringe sehr gut
Ich amüsiere mich prächtig.

¡Me agrada mucho!
mir (es-)gefällt sehr
Es gefällt mir sehr!

¡Estoy muy contento / contenta!
(ich-)bin sehr zufrieden(m/w)
Ich freue mich sehr!

¡Qué alegría!
was Freude
Was für eine Freude!

Estoy gozando un pullero.
(ich-)bin genießend ein Pfennighaufen
Ich vergnüge mich sehr.

Ausrufe der Anerkennung und des Wohlbefindens:

¡Maravilloso!	Wunderbar!
¡Divino!	Göttlich!
¡Sabroso!	Schmackhaft!
¡Placentero!	Behaglich!
¡Bellísimo!	Überaus schön!
¡De pinga! von Schwanz	Geil!

jemanden einladen / etwas vorschlagen

¿Qué te parece si hacemos un paseo?
was dir (es-)scheint wenn (wir-)machen ein Spaziergang
Hast du Lust, spazieren zu gehen?

¿Tienes ganas de ir a la playa?
(du-)hast Lüste von gehen zu der Strand
Hast du nicht Lust, mit an den Strand zu gehen?

¿Tomamos un helado?
(wir-)nehmen ein Eis
Sollen wir ein Eis essen?

¿Quieres tomar una cerveza?
(du-)willst nehmen ein Bier
Willst du ein Bier trinken?

¿Quieres acompañarme a casa?
(du-)willst begleiten-mich nach Hause
Möchtest du mich nach Hause begleiten?

in der Disko

¿Quieres ir a una discoteca?
(du-)willst gehen zu eine Diskothek
Willst du in die Disko gehen?

No, no sé bailar.
nein, nicht (ich-)weiß tanzen
Nein, ich kann nicht tanzen.

Encantada, me gusta la música.
entzückt(w), mir (es-)gefällt die Musik
Mit Vergnügen, mir gefällt die Musik. (sagt eine Frau!)

¿Que quieres tomar?
was (du-)willst nehmen
Was möchtest du trinken?

una cerveza	ein Bier
un whisky	ein Whisky
un gin-tonic	ein Gin-Tonic
una cuba libre	ein Cuba libre (Longdrink)

Liebesgeflüster

Yo te quiero.
ich dich (ich-)liebe
Ich liebe dich.

Tú me gustas.
du mir (du-)gefällst
Du gefällst mir.

¿Pasamos la noche juntos?
(wir-)verbringen die nach gemeinsam(Mz)
Sollen wir die Nacht zusammen verbringen?

¿Tienes un condón?
(du-)hast ein Kondom
Hast du ein Kondom?

No, no quiero.
nein, nicht (ich-)will
Nein, ich will nicht.

¡Déjame tranquilo / tranquila!
(er-/sie-)läßt-mich ruhig(m/w)
Laß mich in Ruhe!

Für AIDS wird in Venezuela der Begriff SIDA benutzt.

Das erste Gespräch

¿Habla / hablas castellano?
(Er-/Sie-)spricht / (du-)sprichst spanisch
Sprechen Sie / sprichst du Spanisch?

Un poco para hacerme entender.
ein bißchen für machen-mich verstehen
Ich kann mich ein bißchen verständigen.

¿Es la primera vez que viene / vienes a Venezuela?
(es-)ist das erste(w) Mal daß (Er-/Sie-)kommt / (du-)kommst nach Venezuela
Sind Sie / bist du zum ersten Mal in Venezuela?

Sí, vengo por primera vez.
ja, (ich-)komme für erstes(w) Mal
Ja, ich bin zum ersten Mal hier.

¿Le / te gusta aquí?
Ihm/Ihr / dir (es-)gefällt hier
Gefällt es Ihnen / dir hier?

Sí, pero hace mucho calor.
ja, aber (es-)macht viel Hitze
Ja, aber es ist sehr heiß.

¿De dónde viene / vienes?
von wo (Er-/Sie-)kommt / (du-)kommst
Woher kommen Sie / kommst du?

Vengo de Alemania / Austria / Suiza.
(ich-)komme von Deutschland / Österreich / Schweiz
Ich komme aus Deutschland / Österreich / der Schweiz.

Soy alemán / alemana.
(ich-)bin Deutscher(m/w)
Ich bin Deutsche(r).

... suizo / suiza.
... Schweizer(m/w)
... Schweizer(in).

... austriaco / austriaca.
... Österreicher(m/w)
... Österreicher(in).

¿Cómo se llama Usted?
wie sich (Er-/Sie-)ruft Sie
Wie heißen Sie?

¿Cómo te llamas?
wie dich (du-)rufst
Wie heißt du?

Me llamo Isabel.
mich (ich-)rufe Isabel
Ich heiße Isabel.

Y yo Karl-Heinz.
und ich Karl-Heinz
Und ich Karl-Heinz.

¿Cuántos años tienes?
wieviele Jahre (du-)besitzt
Wie alt bist du?

Tengo veinte años, ¿y tú?
(ich-)besitze zwanzig Jahre, und du
Ich bin zwanzig Jahre alt, und du?

Yo también tengo veinte años.
ich auch (ich-)besitze zwanzig Jahre
Ich bin auch zwanzig Jahre.

Estoy estudiando todavía.
(ich-)bin lernend noch
Ich studiere noch.

¿Trabajas?
(du-)arbeitest
Arbeitest du?

¿Qué profesión tiene Usted / tienes tú?
was Beruf (Er-/Sie-)besitzt Sie / (du-)besitzt du
Welchen Beruf haben Sie / hast du?

Soy ...	Ich bin ...
empleado / empleada (m/w)	Angestellte(r)
trabajador / trabajadora (m/w)	Arbeiter(in)
desempleado / desempleada (m/w)	arbeitslos(e)
médico / médica (m/w)	Arzt / Ärztin
mecánico de carros (m) (Mechaniker von Autos)	Automechaniker
agricultor / agricultora (m/w)	Bauer / Bäuerin
empleado / empleada de oficina (m/w) (Angestellter(m/w) von Büro)	Büroangestellte(r)
director / directora (m/w)	Direktor(in)
hombre / mujer de negocios (m/w) (Mann / Frau von Geschäften)	Geschäftsmann / -frau
amo / ama de casa (m/w)	Hausmann / -frau
ingeniero / ingeniera (m/w)	Ingenieur(in)
periodista (m+w)	Journalist(in)
abogado / abogada (m/w)	Rechtsanwalt / -wältin
artista (m+w)	Künstler(in)
profesor / profesora (m/w)	Lehrer(in)
maestro / maestra (m/w)	Grundschullehrer(in)
manager (m+w)	Manager(in)
alumno / alumna (m/w)	Schüler(in)
estudiante (m+w)	Student(in)
vendedor / vendedora (m/w)	Verkäufer(in)
científico / científica (m/w)	Wissenschaftler(in)

¿Dónde vive Usted / vives tú?
wo (Er-/Sie-)lebt Sie / (du-)lebst du
Wo wohnen Sie / wohnst du?

Vivo en Colonia / Munich.
(ich-)lebe in Köln / Müchen
Ich wohne in Köln / München.

Zu Gast sein

Eine Einladung ins eigene Haus oder in die eigene Wohnung wird in Venezuela schneller ausgesprochen als etwa in Deutschland. Die Rolle des guten Gastgebers hat einen noch vergleichsweise hohen Stellenwert, Formeln wie **¡Esta es su casa!** (Es ist Ihr Haus!) beim Empfang zu Hause deuten darauf hin. Man wird auf **un trago** (einen Schluck), bei dem es dann sicher nicht bleibt, oder zum Essen eingeladen. Vom Gast wird erwartet, daß er kräftig zulangt. Große Geschenke macht man bei einer Einladung nicht. Es ist vielmehr üblich, mit einer Süßigkeit oder einem Nachtisch zur Abrundung des Mahles beizutragen oder mit einer Kleinigkeit die Dame des Hauses zu erfreuen. Blumen kommen als Gastgeschenk kaum in Frage, sie werden eher zu Beerdigungen mitgebracht.

¡Tome / toma asiento, por favor!
(Er-/Sie-)nehme(!) / (er-/sie-)nimmt(!) Platz, bitte
Bitte nehmen Sie / nimm Platz!

La comida está servida.
das Essen (es-)ist serviert
Das Essen ist serviert.

¿Qué quiere tomar?
was (Er-/Sie-)will nehmen
Was wollen Sie trinken?

¿Le gusta?
Ihm/Ihr (es-)gefällt
Schmeckt es Ihnen?

¿Quiere que le sirva más?
(Er-/Sie-)will daß Ihm/Ihr (er-)serviere mehr
Möchten Sie noch etwas haben?

No, gracias, tengo suficiente.
nein, danke, (ich-)besitze genügend.
Nein, danke, ich bin wirklich satt.

Está todo muy rico / sabroso.
(es-)ist alles sehr reich / lecker
Es schmeckt alles sehr gut.

Familie

¿Estás tú casado / casada?
(du-)bist du verheiratet(m/w)
Bist du verheiratet?

No, soy soltero / soltera.
nein, (ich-)bin ledig(m/w)
Nein, ich bin ledig.

¿Tienes tú hermanos / hijos?
(du-)besitzt du Geschwister / Kinder
Hast du Geschwister / Kinder?

No, no tengo ninguno.
nein, nicht (ich-)besitze keiner
Nein, ich habe keine.

Tengo dos hermanos.
(ich-)besitze zwei Brüder
Ich habe zwei Brüder.

¿Le / te puedo presentar mi familia?
Ihm/Ihr / dir (ich-)kann vorstellen meine Familie
Darf ich Ihnen/dir meine Familie vorstellen?

Este / esta es ...
dieser / diese ist ...
Das ist ...

padre (m)	Vater	**madre** (w)	Mutter
marido	Ehemann	**mujer**	Ehefrau
abuelo	Großvater	**abuela**	Großmutter
hijo	Sohn	**hija**	Tochter
nieto	Enkel	**nieta**	Enkelin
hermano	Bruder	**hermana**	Schwester
tío	Onkel	**tía**	Tante
sobrino	Neffe	**sobrina**	Nichte
primo	Cousin	**prima**	Cousine
cuñado	Schwager	**cuñada**	Schwägerin

Unterwegs ...

... in der Stadt

¿Cómo llego hasta la Plaza Bolívar?
wie (ich-)komme bis der Platz Bolívar
Wie komme ich zur Plaza Bolívar?

¿A qué distancia queda ...?
zu welche Entfernung (es-)bleibt
Wie weit ist es bis ...?

A dos cuadras después del semáforo.
zu zwei Häuserblöcke nach von-die Ampel
Zwei Häuserblöcke nach der Ampel.

Cruce a la izquierda/derecha.
(Er-/Sie-)biege(!) zu die links / rechts
Biegen Sie nach links/rechts ab.

Disculpe, ¿dónde queda la calle ...?
(Er-/Sie-)entschuldige(!), wo (es-)bleibt die Straße ...
Entschuldigen Sie, wo ist die Straße ...?

Muestrémelo en el mapa, por favor.
(Er-/Sie-)zeige-mir-es(!) in der Plan, bitte
Zeigen Sie mir das bitte auf dem Stadtplan.

(a la) derecha	(nach) rechts	**(a la) izquierda**	(nach) links
aquí	hier	**acá**	hierhin
allá, allí	dort	**hacia allá, allí**	dorthin
cercano	nah	**lejos**	weit
derecho, recto	geradeaus	**hacia atrás**	zurück
cruce (m)	Kreuzung	**semáforo**	Ampel

¿Cuándo cierra el museo?
wann (es-)schließt das Museum
Wann macht das Museum zu?

¿Hay una visita guiada en alemán?
es-gibt ein Besuch geführt in deutsch
Gibt es eine Führung in Deutsch?

... mit öffentlichen Verkehrsmitteln

Caracas besitzt eine sehr moderne Metro. Die Fahrscheine kauft man, bevor man durch die Schranke zu den Bahnsteigen geht, am Schalter oder am Fahrkartenautomaten. Bei Sammeltaxis und Bussen bezahlt man in der Regel im Wagen bzw. im Bus.

estación del metro (w)	Station von-die Metro	Metro-Station
aeropuerto		Flughafen
terminal (m)		Busbahnhof
parada de autobús	Haltestelle von Bus	Bushaltestelle
autobús		Bus
por puesto	für Sitzplatz	Sammeltaxi
horario de salida	Plan von Abfahrt	Abfahrtsplan
horario de llegada	Plan von Ankunft	Ankunftsplan
ticket, boleto, billete (m)		Fahrkarte
precio del boleto	Preis von Fahrkarte	Fahrpreis
reservación (w)		Reservierung
puesto		Sitzplatz
ida y vuelta	gegangen u. zurückgekehrt	hin und zurück

Por favor, ¿dónde está la parada del autobús que va a ...?
bitte, wo (sie-)ist die Haltestelle von-der Bus welcher (er-)geht nach ...
Bitte, wo ist die Haltestelle für den Bus, der nach ... fährt?

¿Qué autobús va a ...?
was Bus (er-)geht nach ...
Was für ein Bus fährt nach ...?

¿Cuándo viene el próximo autobús?
wann (er-)kommt der nächste Bus
Wann kommt der nächste Bus?

¿Es esta la parada de los "por puestos" que van a ...?
(es-)ist das die Haltestelle von die "für Sitzplätze" welche (sie-)fahren nach ...
Ist hier die Haltestelle für die "Sammeltaxis", die nach ... fahren?

Sí, ¡póngase en la cola!
ja, (Er-/Sie-)stelle-sich(!) in der Schwanz
Ja, stellen Sie sich in die Schlange!

Los carritos / autobuses pasan cada cinco minutos.
die Autolein / Busse (sie-)vorbeigehen jede fünf Minuten
Die Sammeltaxis / Busse fahren alle fünf Minuten.

¿Dónde tengo que hacer el transbordo?
wo (ich-)besitze daß machen das Umsteigen
Wo muß ich umsteigen?

No hay puestos.
nicht es-gibt Sitzplätze
Alles besetzt!

Wenn man im Bus sitzt und bei der nächsten Haltestelle aussteigen möchte, rufe man:

¡En la parada, por favor!
an die Haltestelle, bitte
Halten Sie bitte!

... mit dem Taxi

Bei Taxis, deren Fahrer einer Taxifirma **(línea de taxi)** angehören, ist der Dachaufsatz gelb und mit der Aufschrift **"Taxi"** versehen. Die sogenannten **Libres,** deren Besitzer unabhängig arbeiten, sind ebenfalls offiziell zugelassen, sie haben Lizenzschilder in anderen Farben. Fahrer, die ohne behördliche Genehmigung mit ihren Privatwagen Taxidienste anbieten, werden **piratas** (Piraten) genannt. Mit ihnen fährt man auf eigenes Risiko.

Offiziell gibt es für alle Strecken feste Taxipreise; sie werden von den Fahrern aber häufig willkürlich heraufgesetzt. Man sollte deshalb grundsätzlich den Fahrpreis vorher absprechen. Trinkgeld für Taxifahrer ist nicht üblich.

¿Cuánto cuesta una carrerita hasta ...?
wieviel (sie-)kostet ein Wegstrecklein bis ...
Wie teuer ist die Strecke bis ...?

¿Por cuánto me lleva hasta ...?
für wieviel mich (Er-)nimmt bis ...
Wieviel kostet es bis ...?

¡Pare aquí, por favor!
(Er-)halte hier, bitte
Bitte halten Sie an!

Me bajo aquí.
mich (ich-)aussteige hier
Ich steige hier aus.

... mit dem Leihwagen

Leihwagen sind in jedem größeren Ort zu mieten. Unbedingt erforderlich ist dafür die Kreditkarte **(tarjeta de crédito).**

Die Verkehrsschilder in Venezuela unterscheiden sich nicht wesentlich von jenen im Heimatland. Das Schild mit einem langen, waagerechten, schwarzen Balken weist auf eine **Alcabala** (Kontrollstation) hin. Wichtig sind die folgenden Hinweise:

Curva peligrosa	Gefährliche Kurve
Sucesión de curvas	Kurvenreiche Strecke
Reduzca velocidad	Geschwindigkeit reduzieren
Conserve su derecha	Rechts halten

Vamos en dirección a oriente.
(wir-)gehen in Richtung nach Oriente(=Osten)
Wir fahren Richtung Oriente.

Esta es la autopista / carretera.
das (sie-)ist die Autobahn / Landstraße
Das ist die Autobahn / Landstraße.

¿Cuántos kilómetros hay de aquí hasta ...?
wieviele Kilometer(Mz) es-gibt von hier bis ...
Wie viele Kilometer sind es von hier bis ...?

Déle pa'lante hasta la alcabala.
(Er-/Sie-)gebe-ihm(!) nach-vorne bis die Alcabala
Fahren Sie weiter bis zur Alcabala.

En la alcabala hay un cruce.
an die Alcabala es-gibt eine Kreuzung
An der Alcabala gibt es eine Kreuzung.

Grundsätzlich ist zu beachten, daß man an den **Alcabalas,** den Kontrollstationen der **Guardia Nacional** (Landes- und Grenzschutzpolizei) an den Grenzen der Bundesländer, immer anhalten muß. Die Bodenschwellen, die man an diesen Stationen, aber auch in manchen Ortschaften, findet, heißen in Venezuela kurioserweise **policías acostados** (liegende Polizisten).

tanken

Im Erdölförderland Venezuela ist das Benzin, gestaffelt von 87 bis 95 Oktan, für mitteleuropäische Verhältnisse spottbillig. Ein dichtes Tankstellennetz überzieht, bis auf abgelegenere Regionen, das ganze Land.

bomba de gasolina, gasolinera	Tankstelle
bombero	Tankwart (auch: Feuerwehrmann)
gasolina	Benzin
aceite (m)	Öl
tanque de repuesto (m)	Ersatzkanister
poner gasolina	tanken

¿Dónde podemos poner gasolina?
wo (wir-)können legen Benzin
Wo können wir tanken?

A dos kilómetros está la bomba.
nach zwei Kilometer(Mz) (sie-)ist die Pumpe
Zwei Kilometer von hier ist die Tankstelle.

¿Lo pongo ful?
es (ich-)lege voll
Voll tanken?

¡Ful, por favor!
voll, bitte
Voll, bitte.

Unfall / Panne

¿Me puede ayudar, por favor?
mir (Er-/Sie-)kann helfen, bitte
Bitte helfen Sie mir!

Tuve un choque.
(ich-)besaß ein Zusammenstoß
Ich hatte einen Unfall.

¡Avise de inmediato a la policía! / ¡Llame una ambulancia, por favor!
(Er-)benachrichtige von sofort die Polizei / (Er-)rufe ein Krankenwagen, bitte
Rufen Sie bitte schnell die Polizei / ... einen Krankenwagen!

Tengo un pinchazo.
(ich-)besitze ein Stich
Ich habe eine Reifenpanne.

Necesito un caucho nuevo.
(ich-)brauche ein Reifen neuer
Ich brauche einen neuen Reifen.

El carro no anda / arranca.
der Wagen nicht (er-)geht / (er-)startet
Der Wagen springt nicht an.

¿Nos puede remolcar?
uns (Er-/Sie-)kann abschleppen
Können Sie uns abschleppen?

¿Dónde hay un taller mecánico?
wo es-gibt eine Werkstatt mechanisch
Wo ist eine Autowerkstatt?

arranque (m)	Anlasser
tubo de escape	Auspuff
batería	Batterie
freno	Bremse
repuesto	Ersatzteil
caja de velocidad	Getriebe
martillo	Hammer
correa	Keilriemen
agua de radiador	Kühlwasser
croche (m)	Kupplung
dirección (w)	Lenkung
cauchos (m,Mz)	Reifen
presión de los cauchos (w)	Reifendruck
limpiaparabrisas (m,Mz)	Scheibenwischer
tornillo	Schraube
destornillador (m)	Schraubenzieher
amortiguador (m)	Stoßdämpfer
carburador	Vergaser
alicate (m)	Zange
bujía	Zündkerze
encendido	Zündung
ventil (m), **válvula**	Ventil
gato ("Katze")	Wagenheber
herramienta	Werkzeug
parabrisas (m,Mz)	Windschutzscheibe
grúa	Abschleppwagen
remolcar	abschleppen

Auf dem Lande

Was Venezuela vor allem auszeichnet, ist sein Naturreichtum: Es besitzt ca. 3000 km Küste, vielgestaltige Landschaftsformen, eine üppige Tropenflora und eine artenreiche Tierwelt. Insbesondere bei der Fauna Venezuelas sind etliche Namen indianischen Ursprungs.

cachicamo

Tiere

● **mamíferos** (m,Mz) - Säugetiere:

mono	Affe	**ratón** (m)	Maus
pereza (w)	Faultier	**caballo**	Pferd
murciélago	Fledermaus	**puma/león** (m)	Puma / Löwe
tonina	Flußdelphin	**res** (w)	Rind
zorro	Fuchs	**cochino**	Schwein
cachicamo	Gürteltier	**tapir** (m),	Tapir
venado	Hirsch	**danta**	
perro	Hund	**cunaguaro**	Tigerkatze
jaguar (m)	Jaguar	**chigüire** (m)	Wasserschwein
conejo	Kaninchen	**chivo**	Ziege
gato	Katze		

● **aves** (w,Mz) - Vögel:

pájaro	Vogel (klein)	**gallina**	Huhn
águila (m)	Adler	**loro**	Papagei
guacamayo	Ara	**garza**	Reiher
pato	Ente	**tucán** (m)	Tukan,
halcón (m)	Falke		Pfefferfresser
zamuro	Geier		

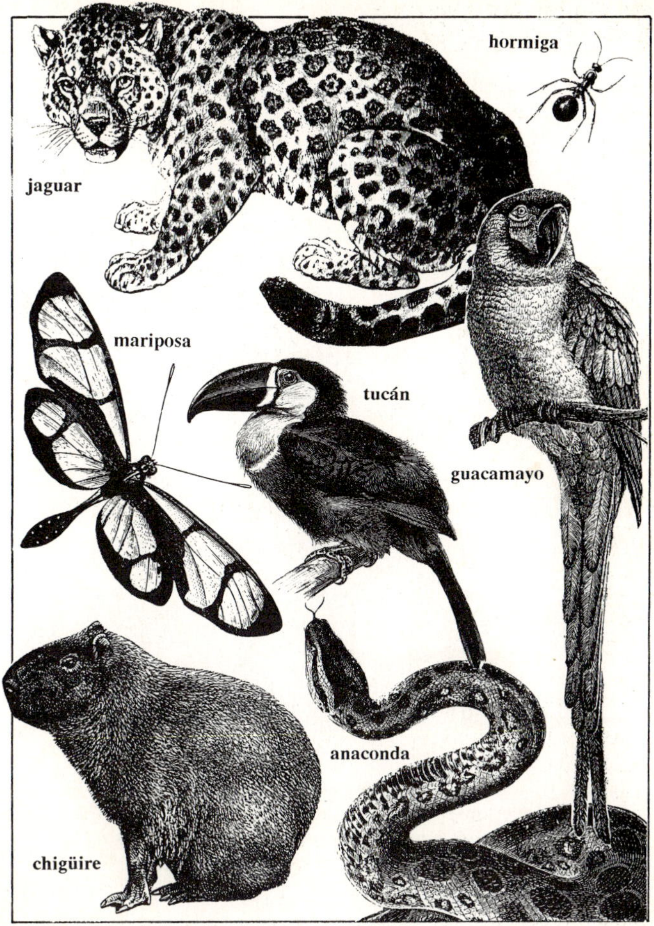
hormiga
jaguar
mariposa
tucán
guacamayo
anaconda
chigüire

● **reptiles** (m,Mz) - Reptilien:

culebra	Schlange
anaconda	Anaconda
mapanare (w)	Buschmeister (Giftschlange)
cascabel (m)	Klapperschlange
coral (w)	Korallenschlange
caimán (m)	Kaiman
iguana	Leguan
morrocoy (m)	Landschildkröte
tortuga	Meeresschildkröte
galápago	Süßwasserschildkröte

● **peces** (m,Mz) - Fische:

trucha	Forelle	**caribe** (m)	Piranha
tiburón (m)	Hai	**raya**	Rochen
cazón (m)	Hundshai	**mero**	Zackenbarsch

● **insectos** (m,Mz) - Insekten:

hormiga	Ameise	**mariposa**	Schmetterling
mosca	Fliege	**araña**	Spinne
pulga	Floh	**zancudo**	Stechmücke
cucaracha	Kakerlake	**bachaco**	Urwaldameise
mosquito	Mücke	**avispa**	Wespe

● **árboles** (m,Mz) - Bäume:

acacia	Akazie
aragüaney (m)	Aragüaney (Nationalbaum Venezuelas)
bucare (m)	Bucare (Schattenbaum)
ceiba	Ceiba (Schattenbaum)
apamate (m)	Eiche
cocotero	Kokospalme
moriche (m)	Mauritiuspalme
palmera	Palme
cedro	Zeder

● **flores** (w,Mz) - Blumen:

flor de pascua (w)	Christstern
dalia	Dalie
cayena	Hibiskus
hortensia	Hortensie
cala	Kalla (berühmte "Jugendstilblume")
margarita	Margarite
trinitaria	Oleander
orquídea	Orchidee
rosa	Rose
lirio	Schwertlilie

Landschaften

cerro	Berg	**cueva**	Höhle
montaña	Berg, Gebirge	**laguna**	Lagune
pico	Berggipfel	**sabana**	Savanne
llano	Flachland	**lago**	See
río	Fluß, Strom	**estero**	stehendes Gewässer
sierra	Gebirge		
serranía	Gebirgskette	**valle** (m)	Tal
páramo	Gebirgsland (Anden)	**selva**	Urwald
		bosque (m)	Wald
cordillera	Gebirgszug	**salto,**	Wasserfall
mesa	Hochebene	**cascada**	

Gran Sabana

Zu den ältesten Landschaften der Erde gehört die im Südosten Venezuelas gelegene **Gran Sabana,** eine von vielen Flüssen durchschnittene Hochebene mit geheimnisvollen Tafelbergen und beeindruckenden Wasserfällen. Viele Namen, denen der Reisende in diesem Gebiet begegnet, stammen aus der Sprache der hier beheimateten **Pemón**-Indianer.

Pemón ist der Oberbegriff für drei Volksgruppen: die **Kamarakotos,** die in der Region um Canaima anzutreffen sind, die im nordöstlichen Teil der Gran Sabana ansässigen **Arekunas** sowie die **Taurepanes,** die im südlichen Bereich, in der Nähe des **Roraima,** leben.

Die zur Sprachfamilie der Kariben zählenden Sprachen dieser drei Volksteile sind eng miteinander verwandt. Ein wichtiges Charakteristikum ist die Existenz von sieben Selbstlauten. Neben den uns bekannten fünf Selbstlauten treten zwei weitere hinzu: **ü,** ein kurz und hart, nicht als Diphthong (Doppellaut) ausgesprochenes "ui", und **ë,** ein ebenfalls kurz gesprochener, dunkler e-Laut ("oe").

einige Worte aus der Taurepan-Sprache

pemón	Mensch
pemontón	Menschen
toponguen	bekleideter Mensch (Bezeichnung für Weiße)
wërik	Frau
kurai	Mann
mure	Junge
manon	Mädchen
ina	ja
ake	nein

Taurepan-Bezeichnungen für Naturerscheinungen

parü	Bach
dapü	Fluß
kuaita	Gruppe von **Moriche**-Palmen
konok	Regen
tëpü	Tafelberg (Tepui), Sproß aus Stein
tuna	Wasser
meru	Wasserfall

Taurepan-Namen von Wasserfällen und Tafelbergen

yuruani tëpü	"Hacke-Tepui"
roraima	"Haus der Götter"
tramen tëpü	"Jaguar-Tepui"
kako parü	"Jaspis-Flußbett" **(Quebrada de Jaspe)**
chinak meru	"Lianen-Wasserfall"
cauchi meru	"Schwalben-Wasserfall"
kuquenan tëpü	"verschwundener Tepui"
toron meru	"Vogel-Wasserfall"

Interessant sind auch die Umschreibungen in der Sprache der Pemón-Indianer für Gegenstände der modernen Technik. Das Flugzeug beispielsweise heißt "Kanu der Geier", der Hubschrauber "Kanu der Libellen" **(primok kanoa)**.

Meer & Strand

mar (m)	Meer	**médano**	Düne
mar caribe	Karibisches Meer	**playa**	Strand
costa	Küste	**corriente** (w)	Strömung
isla	Insel	**ola**	Welle

Die Strände Venezuelas werden an Wochenenden und Feiertagen, insbesondere in der Karwoche und zu Weihnachten, auch von der einheimischen Bevölkerung stark frequentiert. Die vorgeführten Bikini-Modelle sind zwar atemberaubend knapp, der hüllenlose Auftritt an Badestränden ist aber in Venezuela nicht üblich.

balneario	Badeort
traje de baño (m) Anzug von Bad	Badehose, Badeanzug
bikini (m)	Bikini
tanga	Tanga
nadar	schwimmen
tomar un baño nehmen ein Bad	baden
tomar sol nehmen Sonne	sich sonnen
broncearse	sich bräunen
crema bronceadora Creme bräunend	Sonnenschutzcreme
quemadura de sol Verbrennung von Sonne	Sonnenbrand
insolación (w)	Sonnenstich
sombra	Schatten
sombrilla	Sonnenschirm

¿Cómo llego a la playa?
wie (ich-)komme an der Strand
Wie komme ich zum Strand?

¿Hay corrientes peligrosas aquí?
es-gibt Strömungen gefährliche hier
Gibt es hier gefährliche Strömungen?

¿Puede cuidarme mis cosas?
(Er-/Sie-)kann aufpassen-mich meine Sachen
Können Sie auf meine Sachen aufpassen?

¡Cuidado, que no cojas una insolación!
Vorsicht, daß nicht (du-)nimmst ein Sonnenstich
Paß auf, du holst dir einen Sonnenstich!

velero

Wassersport

surfear	surfen
windsurfing (m)	Windsurfen
tabla de surfear	Surfbrett
vela	Segel
palo	Mast
submarinismo	Unterwassersport
esnorquelar	schnorcheln
esnorquel (m)	Schnorchel
bucear	tauchen
inmersión (w)	Tauchgang
equipo de buceo	Tauchausrüstung
traje de buceo (m)	Taucheranzug
máscara de bucear	Taucherbrille
chapaletas	Flossen
cinturón de plomo (m)	Bleigürtel
respirador (m)	Atemgerät
oxígeno	Sauerstoff
tanque de oxígeno (m), **bombona**	Sauerstoffflasche
relleno de oxígeno	Sauerstoffüllung
bote (m), **lancha**	Boot
yate (m)	Jacht
velero	Segelschiff
chaleco salvavidas	Schwimmweste

¿Dónde se puede alquilar una tabla de surfear?
wo man (er-)kann leihen ein Brett von surfen
Wo kann man sich ein Surfbrett leihen?

Hoy el viento es muy fuerte.
heute der Wind (er-)ist sehr kräftig
Heute haben wir kräftigen Wind.

El curso introductorio incluye dos inmersiones.
der Kurs einführungs... (er-)beinhaltet zwei Eintauchen
Der Einführungskurs schließt zwei Tauchgänge ein.

¿Dónde se pueden llenar las bombonas?
wo man (sie-)können füllen die Gasflaschen
Wo kann man die Sauerstoffflaschen auffüllen?

Unterkunft

hotel (m)	Hotel
hospedaje (m)	Pension
posada	Pension (in den Anden)
cabaña	Ferienhäuschen
residencia	Ferienwohnung
carpa	Zelt

carpa

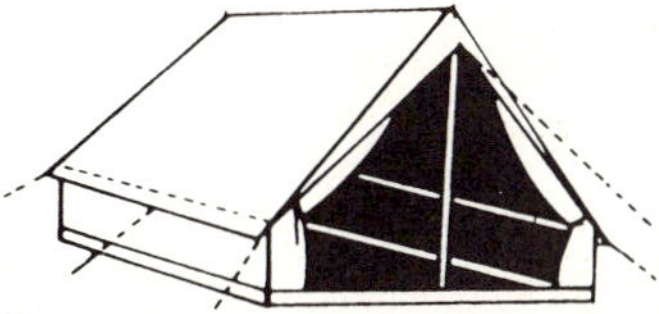

Die Klassifikation der Hotels folgt der international üblichen Auszeichnung mit Sternen **(estrellas)**, wobei allerdings nicht immer der internationale Standard erreicht wird. Das Zelten nach europäischem Muster ist in Venezuela so gut wie unbekannt, Zeltplätze gibt es praktisch nicht. Wer im Freien übernachten will, kann beispielsweise am Meer zwischen Palmen oder in Hütten, die an manchen touristisch frequentierten Stellen im Landesinnern nach dem Vorbild der indianischen **churuatas** (Rundhütten) errichtet worden sind, seine Hängematte (**hamaca;** od. **chinchorro** = Netzhängematte) aufspannen.

gerente (m)	Geschäftsführer
camarera	Zimmermädchen
recepción (w)	Rezeption
caja fuerte Kiste stark	Safe
ascensor (m)	Fahrstuhl

¿Tiene Usted una habitación libre? **... habitación sencilla / doble ...**
(Er-/Sie-)besitzt Sie ein Zimmer frei ... Zimmer einfach / doppelt ...
Haben Sie ein Zimmer frei? ... Einzel- / Doppelzimmer ...

baño	Bad
cama	Bett
cama matrimonial Bett ehelich	Doppelbett
sábana	Bettlaken
cobija	Decke
ducha	Dusche
toalla	Handtuch
calefacción (w)	Heizung
aire acondicionado (m) Luft angepaßte	Klimaanlage
llave (w)	Schlüssel
jabón (m)	Seife

Le voy a enseñar la habitación.
Ihm/Ihr (ich-)gehe zu zeigen das Zimmer
Ich werde Ihnen das Zimmer zeigen.

Hay mucho ruido.
es-gibt viel Lärm
Es ist sehr laut.

Está bien, la tomo.
ist gut, es (ich-)nehme
Gut, ich nehme es.

Quisiera hablar con el gerente, por favor.
(ich-)möchte sprechen mit der Geschäftsführer, bitte
Ich möchte bitte den Geschäftsführer sprechen.

¿Cuánto tiempo quiere quedarse?
wieviel Zeit (Er-/Sie-)will bleiben-sich
Wie lange wollen Sie bleiben?

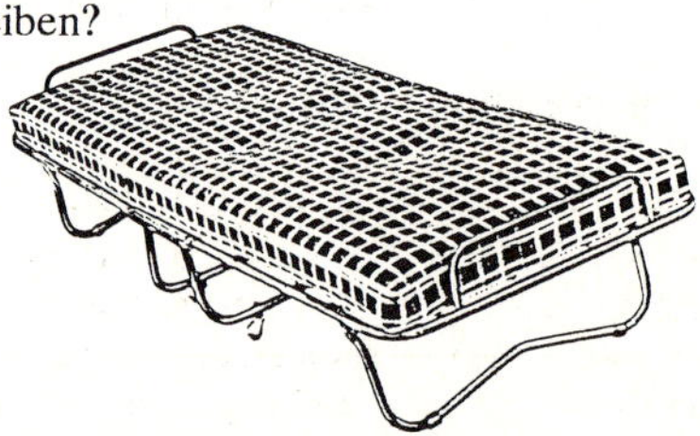

cama

Sólo una noche.
Nur eine Nacht.

Probablemente tres o cuatro días.
Wahrscheinlich drei oder vier Tage.

Essen & Trinken

Die vielfältigen kulturellen Einflüsse machen die einheimische Küche sehr abwechslungsreich. Ein Teil der Gerichte ist spanischen Ursprungs, von Bedeutung sind aber auch afrikanische und natürlich indianische Elemente. Die regionalen Unterschiede, etwa zwischen der Karibikküste und den Anden, sind beträchtlich.

venezolanische Gerichte & Spezialitäten

pabellón criollo - Das Nationalgericht Venezuelas besteht aus Rindfleisch, schwarzen Bohnen, Reis und gebratenen Kochbananen sowie, je nach Region, Maisbrötchen oder Maniokfladen.

hallaca - in Bananenblätter gekochte Maismehltasche mit einer Füllung aus Fleisch und Gewürzen; wird vor allem zu Weihnachten gegessen.

pan de jamón - Weihnachtsbrot mit eingebackenen Schinkenstreifen, Oliven und Rosinen

sancocho - kräftiger Eintopf aus Fisch, Rind- oder Hühnerfleisch und verschiedenen Gemüsesorten

mondongo - Suppe mit Magen, Rinder- oder Schweinehaxe und diversen Gemüsen

parrilla - Grillplatte, vorwiegend aus Rindfleisch mit regional unterschiedlichen Saucen

chivo en coco - Ziegenfleisch in Kokos, typisch für den Nordwesten

Süßigkeiten & Nachspeisen

dulce de leche	Karamel (wörtlich: "süß aus Milch")
dulce de lechoza	Papaya-Fruchtschnittchen
cascos de guayaba	eingelegte Guave
quesillo	Pudding, entspricht dem spanischen "flan"
majarete	Pudding aus Maismehl
bienmesabe	Biskuit mit Kokosnußcreme

im Restaurant

Bereits in allen mittelgroßen Städten findet man italienische, spanische (**tascas**), arabische oder auch chinesische Lokale. Bevorzugt man einheimische Kost, frage man nach **comida criolla** (Essen einheimisch).

desayuno	Frühstück	**cena**	Abendessen
almuerzo	Mittagessen	**mesonero**	Kellner
merienda	Kaffeepause	**reservación** (w)	Reservierung

¿Tiene alguna mesa libre para cuatro personas?
(Er-/Sie-)besitzt irgendein Tisch frei für vier Personen
Haben Sie einen Tisch für vier Personen?

¡Señor, por favor!
Herr, bitte
Herr Ober!

La carta, por favor.
die Karte, bitte
Die Speisekarte, bitte.

¿Qué nos recomienda?
was uns (Er-/Sie-)empfiehlt
Was können Sie uns empfehlen?

¿Desean tomar algo?
(Sie-)wünschen nehmen etwas
Möchten Sie etwas trinken?

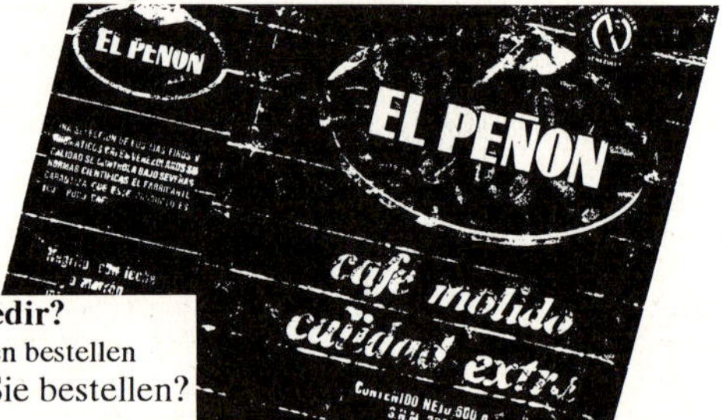

¿Qué desean pedir?
was (Sie-)wünschen bestellen
Was möchten Sie bestellen?

Como primer plato una sopa ...
als erster Teller eine Suppe ...
Zuerst möchte ich eine Suppe ...

... luego un arroz con pollo.
... dann ein Reis mit Huhn
... danach ein Hühnchen mit Reis.

Speisekarte

platos calientes	warme Speisen	**carnes** (w,Mz)	Fleisch
platos fríos	kalte Speisen	**pescado**	Fisch
entremeses	Vorspeisen	**mariscos**	Meeresfrüchte
ensaladas	Salate	**verduras**	Gemüse
sopas, hervidos	Suppen	**postres**	Nachspeisen

¡Buen provecho!
Guten Appetit!

Igualmente.
Gleichfalls.

Traigame / traiganos ... más.
(Er-/Sie-)bringe-mir(!) / (Er-/Sie-)bringe-uns(!) ... mehr
Bringen Sie mir / uns noch ...

Falta ...
(es-)fehlt ...
Mir / uns fehlt ...

un plato	ein Teller	**sal** (w)	Salz
un vaso	ein Glas	**pimienta**	Pfeffer
una copa	ein Weinglas	**aceite** (m)	Öl
un cuchillo	ein Messer	**vinagre** (m)	Essig
un tenedor	eine Gabel	**pan** (m)	Brot
una cuchara	ein Löffel	**una servilleta**	eine Serviette

un vaso

bezahlen

La cuenta, por favor.
die Rechnung, bitte
Die Rechnung, bitte.

La cuenta por separado.
die Rechnung für getrennt
Wir möchten getrennt bezahlen.

¿Tiene sencillo, por favor?
(Er-/Sie-)besitzt einfach, bitte
Haben Sie es nicht kleiner?

Formulierungen, die dem deutschen "Ich möchte zahlen" entsprechen, sind unüblich und werden schon mal mit scherzhaften Sprüchen quittiert:

¡Eso lo espero!
dieses es (ich-)hoffe
Das hoffe ich!

In der Rechnung sind meist schon 10% Bedienung (**servicio**) enthalten; trotzdem gibt man gewöhnlich noch ein Trinkgeld (**propina**) in Höhe von 5-10%. Den Betrag läßt man auf dem Tisch oder Rechnungstellerchen zurück.

reklamieren

Eso no lo he pedido.
dieses nicht es (ich-)habe bestellt
Das habe ich nicht bestellt.

La cuenta está equivocada.
die Rechnung (sie-)ist geirrt
Auf der Rechnung ist ein Fehler.

(vornehmer ist:)
En la cuenta hay un error.
in die Rechnung es-gibt ein Fehler

Snacks & Imbisse

Es gibt kaum etwas Typischeres für Venezuela als die **areperas**, kleine Lokale, in denen an einer langen Theke die **arepas** verkauft werden. Diese kleinen Maismehlbrötchen werden mit Käse (**queso**), Schinken (**jamón**) oder verschiedenen Fleisch-, Fisch- oder Gemüsegerichten gefüllt. Kleine Imbisse erhält man zudem in den **fuentes de soda**, die außer den kleinen Snacks nur nichtalkoholische Getränke ausgeben, in **bars** sowie in den **cervecerías**, in denen vornehmlich Bier ausgeschenkt wird. In den Bäckereien (**panaderías** und **pastelerías**) bekommt man nicht nur Kuchen (**tortas**), sondern auch Kaffee.

Weitere typische Snacks:

empanadas	mit Fisch oder Fleisch gefüllte, in Öl ausgebackene Maistaschen
cachapas	Maispfannkuchen, die mit weißem, hausgemachtem Käse **(queso de mano)** belegt werden
sandwiches	Toastbrotscheiben mit Auflage

¡Una arepa con queso y jamón!
Eine Arepa mit Käse und Schinken!

¿Tiene empanadas de pescado?
(Er-/Sie-)besitzt Empanadas von Fisch
Haben Sie auch Empanadas mit Fisch?

¡Saque primero el ticket en la caja!
(Er-/Sie-)ziehe(!) zuerst das Ticket an die Kasse
Holen Sie erst einen Bon an der Kasse!

Getränke

Eine Offenbarung für den geschmacksentwöhnten Europäer sind die frischgepreßten Fruchtsäfte, die es sowohl in den Imbißstätten als auch in vielen Restaurants gibt. Der pure Obstsaft heißt **jugo,** die Mischung mit Zucker und Wasser **batido,** jene mit Milch **merengada.** Die gängigsten Sorten sind die mit:

piña	Ananas	**níspero**	Nispero (Tropenfrucht)
guayaba	Guave		
melón	Honigmelone	**naranja**	Orange
zanahoria	Karotte	**lechoza**	Papaya
mango	Mango	**tamarindo**	Tamarinde (indische Dattel)
parchita	Maracuja (Passionsfrucht)	**patilla**	Wassermelone

Un jugo de piña, por favor.
ein Saft von Ananas, bitte
Ein Ananassaft, bitte.

té (m)	Tee
té de manzanilla (m)	Kamillentee
leche (w)	Milch
agua mineral (w)	Mineralwasser
refrescos (m,Mz)	Erfrischungsgetränke
cerveza	Bier
ron (m)	Rum
ponche crema (m)	Eierlikör
chicha	flüssiger Milchreis
chicha andina	gegorener Mais mit Milch
coco frío	gekühltes Kokos-Fruchtwasser
guarapo de caña	Zuckerrohrsaft

Will man eine Cola trinken, bestelle man vorsichtshalber **una coca cola** oder **una pepsi** (ausgesprochen wie "pexi"). Sagt man nämlich nur **cola,** ist die Gefahr groß, eine ebenso künstlich aussehende wie schmeckende Limonade namens **frescolita** zu erhalten.

Venezuela ist traditionelles Kaffeeland. Entsprechend zahlreich sind die Herstellungsarten des dunklen Gebräus. Es gibt in einigen Regionen sogar Varianten mit Gewürzen, wie z. B. Nelken.

café negro

café negro (m)	Kaffee schwarz
sin azúcar	ohne Zucker
café con leche	Kaffee mit Milch
marrón (m)	"Brauner", Kaffee mit wenig Milch
guayoyo / guarapo	schwacher 2. Aufguß (vom Kaffee)

Einkaufen

tienda por departamentos Geschäft für Abteilungen	Kaufhaus
abasto	Lebensmittelladen
supermercado	Supermarkt
panadería	Bäckerei
carnicería	Metzgerei
ferretería	Eisenwarengeschäft
librería	Buchhandlung

ir de compras	gehen von Einkäufe	einkaufen gehen
¿Cuánto cuesta ...?	wieviel (es-)kostet ...	Wieviel kostet ...?
¿Cuánto cuestan ...?	wieviel (sie-)kosten ...	Wieviel kosten ...?
Cuesta ...	(es-)kostet ...	Es kostet ...
Quiero ...	(ich-)will ...	Ich möchte ...
Lo tomo.	es (ich-)nehme	Ich nehme es.

¿Que quiere comprar?
was (Er-/Sie-)will kaufen
Was wollen Sie kaufen?

Quiero un par de zapatos deportivos.
(ich-)will ein Paar von Schuhe sportliche
Ich möchte ein Paar sportliche Schuhe.

Quiero un vestido azul.
(ich-)will ein Kleid blau
Ich möchte ein blaues Kleid.

Le agrada este?
Ihr (es-)gefällt dieses
Gefällt Ihnen dieses?

¿Desea algo más?
(Er-/Sie-)wünscht etwas mehr
Was darf es sonst noch sein?

Son ...
(sie-)sind ...
Das macht zusammen ...

Kleidung

vestido	Kleid	**sostén** (m)	BH
falda	Rock	**interior** (m)	Herrenslip
blusa	Bluse	**medias**	Socken
camisa	Hemd	**panty** (w)	Damen-strumpfhose
franela	T-Shirt		
pantalones (m,Mz)	Hose	**zapatos**	Schuhe
pantaleta	Damenslip	**zandalias**	Sandalen

Lebensmittel & Gewürze

pan (m)	Brot	**aceite** (m)	Öl
mantequilla	Butter	**pimienta**	Pfeffer
huevos	Eier	**arroz** (m)	Reis
vinagre (m)	Essig	**sal** (w)	Salz
papas	Kartoffeln	**caraotas** (Mz)	schwarze Bohnen
queso	Käse		
galletas	Kekse	**embutido**	Wurst
torta	Kuchen	**salchichas**	Würstchen (Mz)
yuca	Maniok	**azúcar** (m)	Zucker
harina	Mehl	**cebollas**	Zwiebeln

Hygieneartikel

jabón (m)	Seife
pasta de dientes	Zahnpasta
cepillo de dientes	Zahnbürste
lima; tijera	Nagelfeile; Nagelschere
polvo para lavar	Waschpulver
tampax	Tampons (eigentlich Markenname)
modes	Damenbinden (eigentlich Markenname)
pañales (m,Mz)	Windeln
condón (m)	Kondom
algodón (m)	Watte
curitas (w,Mz)	(Heft)Pflaster
jodo	Jod
papel de tualé (m), **papel sanitario** (m)	Toilettenpapier

Polizei & Zoll

policía	Polizei	**aduana**	Zoll, Zollamt
funcionario	Beamter	**declaración** (w)	Zollerklärung
control (m)	Kontrolle	**impuesto**	Steuer, Gebühr

Me asaltaron.
mich (sie-)überfielen
Ich bin überfallen worden.

Me robaron la cartera.
mir (sie-)raubten die Brieftasche
Man hat mir die Brieftasche gestohlen.

¿Tiene algo que declarar?
(Er-/Sie-)besitzt etwas was verzollen
Haben Sie etwas zu verzollen?

No tengo nada que declarar.
nicht (ich-)besitze nichts was verzollen
Ich habe nichts zu verzollen.

¡Abra sus maletas!
(Er-/Sie-)öffne(!) seine Koffer
Machen Sie Ihre Koffer auf!

Geld & Bank

banco	Bank
casa de cambio	Wechselstube
caja	Kasse
ventanilla	Schalter

Die Landeswährung ist der **Bolívar** (abgekürzt: "Bs."), in der Umgangssprache häufig als **bolo** bezeichnet. Im Umlauf sind Noten zu 1000 Bs., 500 Bs., 100 Bs., 50 Bs., 20 Bs. und 10 Bs.

bolívar, auch: **bolo**	1 Bolívar (= 100 Céntimos)
cien céntimos	100 Céntimos
un fuerte	5-Bolívar-Münze
un real	50-Céntimos-Münze
un medio	25-Céntimos-Münze
una puya	5-Céntimos-Münze

Sehr bequem und in Venezuela seit langer Zeit üblich ist die bargeldlose Zahlungsweise mit der Kreditkarte. Am weitesten verbreitet sind VISA, American Express und Mastercard.

dinero, plata (Silber)	Geld
billete (m)	Geldschein
moneda	Münze
cheque (m)	Scheck
cheque de viaje (m)	Reisescheck
tarjeta de crédito	Kreditkarte
cambiar dinero	Geld wechseln
en efectivo	in bar
moneda	Währung
tasa de cambio	Wechselkurs
firma	Unterschrift

¿Dónde hay un banco por aquí?
wo es-gibt eine Bank für hier
Wo gibt es hier eine Bank?

¿Acepta cheques de viaje?
(Er-/Sie-)annimmt Schecks von Reise
Akzeptieren Sie Reiseschecks?

Quisiera cambiar cien marcos alemanes en bolívares.
(ich-)möchte wechseln hundert Mark(Mz) deutsche in Bolívar
Ich möchte hundert Deutsche Mark in Bolívar wechseln.

¿Puede pagarme este cheque?
(Er-/Sie-)kann zahlen-mir dieser Scheck
Können Sie mir diesen Scheck einlösen?

Espere cerca de la caja, por favor.
(Er-/Sie-)warte(!) nahe von die Kasse, bitte
Warten Sie bitte an der Kasse.

Post & Telefonieren

Post

Postämter tragen die Bezeichnung **correos** oder (in den meisten Fällen) den Namen der Post-Gesellschaft **IPOSTEL**. Man sollte seine Briefe oder Karten grundsätzlich direkt zum Postamt bringen und dort in die Kästen mit der Aufschrift **extranjero** (Ausland) oder **internacional** werfen. Briefkästen wird man in Venezuela ohnehin kaum finden.

correo	Postamt	**sobre** (m)	Briefumschlag
casilla	Schalter		
apartado postal	Postfach	**estampilla**	Briefmarke
carta	Brief	**porte** (m)	Porto
postal (w)	Postkarte	**carta certificada**	Einschreiben
remitente (m)	Absender	**paquete** (m)	Paket
dirección (w)	Adresse	**telegrama** (m)	Telegramm
destinatario	Empfänger	**correo restante**	postlagernd

¿Cuánto es el porte de una carta para Alemania, por favor?
wieviel (es-)ist das Porto von ein Brief für Deutschland, bitte
Wie hoch ist das Porto für einen Brief nach Deutschland, bitte?

Quiero mandar un telegrama a Austria / Suiza.
(ich-)will senden ein Telegramm nach Österreich / Schweiz
Ich möchte ein Telegramm nach Österreich / in die Schweiz schicken.

¿Hay una carta en el correo restante a nombre del Señor Meier?
es-gibt ein Brief in die Post restlich zu Name von-der Herr Meier
Ist ein postlagernder Brief für Herrn Meier da?

telefonieren

Telefonieren kann man von öffentlichen Telefonzellen, die in jedem größeren Ort zu finden sind, von Hotels oder von den Niederlassungen der C.A.N.T.V. (sprich: "*kantewe*"), der staatlichen Telefongesellschaft (die nicht mit der Post verknüpft ist).

Die öffentlichen Fernsprecher lassen sich entweder mit Münzen oder mit Magnetkarten (im Wert bis zu 500 Bs.), die bei der C.A.N.T.V. und in großen Hotels zu kaufen sind, bedienen. Letztere Möglichkeit empfiehlt sich vor allem für Gespräche mit dem Heimatland. Das Telefonnetz in Venezuela ist notorisch überlastet. Insbesondere in Caracas gelingt es oftmals erst nach mehreren Versuchen, einen Anschluß zu bekommen.

Sehr viel weniger als in Deutschland ist es üblich, sich bei einem Anruf, den man erhält, mit dem Namen zu melden. Zumeist hört man nur ein **¿aló?** (hallo?) oder: **¡Sí, digame!** (Ja, sagen Sie mir!).

teléfono	Telefon
tarjeta magnética	Telefonkarte (Magnetkarte)
llamada telefónica	Telefongespräch
llamar por teléfono	telefonieren
número de teléfono	Telefonnummer
código de área	Vorwahl
código internacional	internationale Vorwahl
discado directo	Durchwahl
llamada de larga distancia	Ferngespräch
marcar	wählen
comunicación (w)	Verbindung
ocupado	besetzt
equivocado	falsch verbunden

¿Cuál es su número de teléfono?
welche (sie-)ist Seine/Ihre Nummer von Telefon
Welche Telefonnummer haben Sie?

Quisiera llamar para Alemania.
(ich-)möchte rufen für Deutschland
Ich möchte nach Deutschland anrufen.

¿Cuánto cuesta la llamada?
wieviel (er-)kostet der Anruf
Was kostet der Anruf?

Quisiera hablar con el señor Pino.
(ich-)möchte sprechen mit der Herr Pino
Ich möchte gerne mit Herrn Pino sprechen.

¿De parte de quién?
von Seite von wer
Wer ist am Apparat?

teléfono

El Señor Pino no está.
der Herr Pino nicht (er-)ist
Herr Pino ist nicht da.

¿Quiere que le diga algo?
(Er-/Sie)will daß ihm (ich-)sagen-möge etwas
Kann ich etwas ausrichten?

Voy a llamar más tarde.
(ich-)gehe zu rufen mehr spät
Ich werde später noch mal anrufen.

El número está equivocado.
die Nummer (sie-)ist irrtümlich
Sie sind falsch verbunden.

¿Podría repetirlo despacio, por favor?
(Er-/Sie-)könnte wiederholen-es langsam, bitte
Könnten Sie das bitte langsam wiederholen?

Fotografieren

Will man Fotos von Personen machen, sollte man selbstverständlich die Menschen mit gebührendem Respekt behandeln und freundlich um Erlaubnis fragen. Sie wird in der Regel bereitwillig gewährt. Nicht gestattet ist es, Polizisten, Soldaten, militärische Einrichtungen (einschließlich der Alcabalas), Flughäfen und Industrieanlagen zu fotografieren.

¿Le puedo hacer una foto?
Ihn/Sie (ich-)kann machen ein Foto
Darf ich ein Foto von Ihnen machen?

Voy a mandarle una copia.
(ich-)gehe zu schicken-Ihn/Ihr eine Kopie
Ich schicke Ihnen einen Abzug.

cámara fotográfica	Fotoapparat
objetivo	Objektiv
teleobjetivo	Teleobjektiv
objetivo granangular	Weitwinkelobjektiv
flash (m)	Blitzgerät
(cámara) vídeo	Videokamera
rollo, película	Film
rollo de diapositivas	Diafilm
rollo de color	Farbfilm
rollo en blanco y negro	Schwarzweißfilm
foto(grafía) (w)	Foto
tomar / hacer fotos	fotografieren
filmar	filmen
revelar	entwickeln
negativo	Negativ
copia, prueba	Abzug

¿Tiene rollos de diapositivas?
(Er-/Sie-)besitzt Rollen von Diapositive
Haben Sie Diafilme?

¿Puede revelarme esta película?
(Er-/Sie-)kann entwickeln-mir dieser Film
Können Sie mir diesen Film entwickeln?

¿Cuántas pruebas quiere sacar?
wieviele Abzüge (Er-/Sie-)will herausziehen
Wie viele Abzüge wollen Sie?

Tres de cada una.
drei von jedem eines
Von jedem drei.

Krank sein

Das Gesundheitswesen Venezuelas gehört zu den besten in Lateinamerika. Die staatlichen Krankenhäuser sind recht gut ausgestattet, aber fast immer überbelegt. Für besondere Behandlungen kann man in private Kliniken (**clínicas privadas**) gehen; dort muß man allerdings eine Kreditkarte vorweisen. Behandlungen bei niedergelassenen Ärzten sind grundsätzlich bar zu bezahlen. Probleme, etwa mit sterilen Spritzen, gibt es nicht.

médico	Arzt	**tratamiento**	Behandlung
dentista (m)	Zahnarzt	**vacunación** (w)	Impfung
hospital (m), **clínica**	Krankenhaus	**inyectadora**	Spritze
		receta	Rezept
ambulancia	Krankenwagen	**medicamento**	Medikament
farmacia	Apotheke	**pastilla**	Tablette
horario de consulta	Sprechstunde	**vendaje** (m)	Verband
		pomada	Salbe

¡Por favor, llame a un médico!
bitte, (Er-/Sie-)rufe(!) an ein Arzt
Rufen Sie bitte einen Arzt!

¿Dónde le duele?
wo Ihn/Sie (es-)schmerzt
Wo haben sie Schmerzen?

Déme Usted un remedio para dolor de cabeza.
(Er-/Sie-)gebe-mir(!) Sie ein Heilmittel für Schmerz von Kopf
Geben Sie mir ein Mittel gegen Kopfschmerzen.

Me duele el pie.
mich (er-)schmerzt der Fuß
Ich habe Schmerzen im Fuß.

Tres pastillas diarias.
drei Tabletten tägliche
Drei Tabletten pro Tag.

brazo	Arm	**cabeza**	Kopf
ojo	Auge	**hígado**	Leber
pierna	Bein	**pulmón** (m)	Lunge
apéndice (m)	Blinddarm	**estómago**	Magen
pecho	Brust	**boca**	Mund
intestinos (Mz)	Darm	**nariz** (w)	Nase
dedo	Finger	**riñon** (m)	Niere
pie (m)	Fuß	**oreja**	Ohr
mano	Hand	**garganta**	Rachen
corazón (m)	Herz	**diente** (m)	Zahn

Tengo fiebre / diarrea / tos.
(ich-)besitze Fieber / Durchfall / Husten
Ich habe Fieber / Durchfall / Husten.

Tengo que vomitar.
(ich-)besitze daß übergeben
Ich muß mich übergeben.

Me picó una culebra.
mich (sie-)stach eine Schlange
Ich bin von einer Schlange gebissen worden.

Necesito un recibo para el seguro.
(ich-)brauche eine Quittung für die Versicherung
Ich benötige eine Quittung für die Versicherung.

Eine kleine Liste von Hygieneartikeln findet man im Kapitel "Einkaufen".

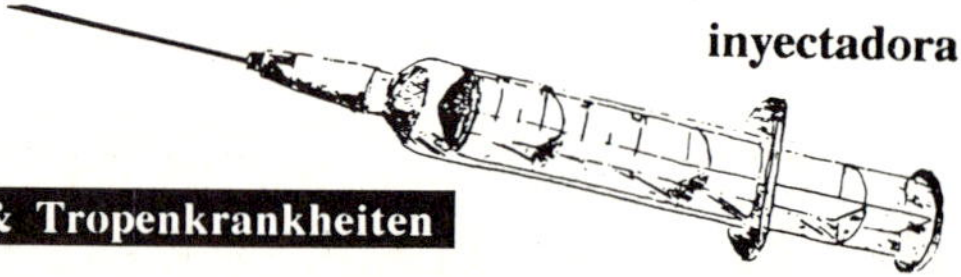

inyectadora

Infektions- & Tropenkrankheiten

tétano	Tetanus, Wundstarrkrampf
hepatitis (w)	Hepatitis, Leberentzündung
cólera (m)	Cholera
tifus (m)	Typhus
paludismo	Malaria
fiebre amarilla (w) (Fieber gelb)	Gelbfieber

Toilette

Zwei Umstände erschweren in den meisten Toiletten in Venezuela den "Abtransport": der geringe Wasserdruck und sehr enge Abflußrohre. Es ist daher allgemein üblich, das benutzte Toilettenpapier nicht in das Klobecken, sondern in die daneben stehenden Eimer zu werfen.

¿Dónde está el baño, por favor?
wo (es-)ist das Bad, bitte
Wo bitte ist die Toilette?

Falta el papel sanitario.
(es-)fehlt das Papier gesundheitlich
Es fehlt Toilettenpapier.

La poseta está tapada.
das Klobecken (es-)ist zugedeckt
Die Toilette ist verstopft.

damas	Damen	**ocupado**	besetzt
caballeros	Herren	**libre, desocupado**	frei

Zu beachten: Das Wort **clóset** hat die Bedeutung "Wandschrank" und nicht etwa "Klosett"!

Schimpfen & Fluchen

Wie in anderen romanischen Sprachen auch sind im Castellano Schimpfwörter (die in den meisten Fällen dem Sexualbereich entstammen) in der Umgangssprache sehr viel stärker präsent als etwa im Deutschen. Sie werden dann nicht unbedingt als ausdrückliche Vulgarität oder als Fluch eingesetzt, sondern dienen dazu, der gesprochenen Sprache etwas mehr 'Salz' oder auch 'Pfeffer' zu geben.

Deftige Ausdrücke sind auch in Venezuela häufig und an Orten, wo man sie nicht erwarten sollte, zu hören; als "fein" gelten sie aber deshalb noch lange nicht. Da man als Fremder nie genau wissen kann, wann eine bestimmte Ausdrucksweise als deplaziert gilt, sollte man grundsätzlich eher zurückhaltend mit derartigen Worten umgehen. - Hier eine kleine Auswahl:

coño	"Fotze" (sehr verbreitet, wie im Deutschen "verdammt", "Scheiße")
coño de tu madre	"Fotze deiner Mutter" (sehr beleidigend!)
coñito	Diminutiv von **coño**, etwa: kleines Arschloch
¡no joda!	"fick nicht!", im Sinne von "verdammt" gebraucht
¡Qué se jodan!	Zum Teufel mit ihnen!
maricón (m)	Schwuler (als Schimpfwort sehr stark)
pendejo/-a	Trottel(in), eigentlich "Schamhaar"
huevón (m)	"großes Ei", Blödmann
mierda	Scheiße
vaina	üble Sache, ursprünglich Futteral, Scheide
¡Qué vaina!	Was für eine blöde Sache!
El es una vaina.	Er ist ein übler Bursche.
una ladilla	etwas Störendes, Lästiges (eigentlich ein kleiner Parasit)
ladilloso	lästig, auf die Nerven gehend

Ebenso häufig sind in der Umgangssprache mehr oder weniger direkte Anspielungen auf den Genitalbereich. Metaphern für das weibliche Geschlechtsorgan sind etwa **cuca** (eigentlich ein Plätzchen) und **bollo** (gekochtes Maismehlklößchen), für das männliche **machete** (Buschmesser) oder **palo** (Stock).

Nichts verstanden? - Weiterlernen!

¿Hay alguien que hable alemán?
es-gibt jemand (er-/sie-)spreche deutsch
Spricht hier jemand Deutsch?

No hablo castellano.
nicht (ich-)spreche castellano
Ich spreche kein Castellano.

No entiendo.
nicht (ich-)verstehe.
Ich verstehe nicht.

¿Podría repetirlo?
(Er-/Sie-)könnte wiederholen-es
Könnten Sie das wiederholen?

¿Qué significa "tostado"?
was (es-)bedeutet "tostado"
Was bedeutet/heißt "tostado"?

¿Cómo se llama esto?
wie sich (es-)ruft dies
Wie heißt das?

¡Por favor, hable despacio!
bitte, (Er-/Sie-)spreche(!) langsam
Sprechen Sie bitte langsam!

Auf die letztgenannte Aufforderung hin wird man das gleiche noch einmal hören, und meist mit derselben Geschwindigkeit. Trotzdem sollte man nicht verzweifeln; die Überraschung, auf einmal etwas zu verstehen, wird jeder irgendwann erleben.

Venezolanische Umgangssprache

armar un peo (verursachen ein Furz)	Ärger, "Theater" machen
arrecho	wütend; aber auch: charakterstark
asomado	Schnüffler
bojote (m)	Paket
botar	wegwerfen
cancelar	bezahlen
chama, chamita	Mädchen
chamo, chamito	Junge
chévere	super, prima, toll
chimbo	nicht fein
chucuto, recortado	besonders klein
de pinga (von Schwanz)	geil
de a bola (von zu Kugel)	sicher
enfiestado (eingefeiert)	in guter Stimmung
engalletar, enrollar	durcheinanderbringen
estar molido (sein gemahlen)	müde sein
gandola	großer Lastwagen
gandolero	Lastwagenfahrer
meterse una papa (stecken-sich eine Kartoffel)	sich den Bauch vollschlagen
musiú (Monsieur)	Fremder
palearse algo (prügeln-sich etwas)	etwas stehlen
palo de agua (Stock von Wasser)	Regenguß
paltó (m)	Jackett
pana, panita (m + w)	Freund, Freundin
plata (Silber)	Geld
ponerse las pilas (legen-sich die Batterien)	sich anstrengen
rascado, borracho	betrunken
rayado	lächerlich
sifrino	eingebildet, kapriziös
tostado	verrückt
tronco de ... (Stamm von ...)	sehr viel von ...
ubicar	hinstellen
vaina	Unannehmlichkeit

Angloamerikanischer Herkunft sind:

bisté (m)	Steak
blue-jeans (m)	Blue-Jeans
bonche (m)	Feier
chou (m)	Show
estop (m)	Halt, Stop
guachimán (m)	Wachmann
guáter (m)	Toilette (von engl. "*water*")
sandwich (m)	Sandwich
sócate (m)	Steckdose
suiche (m)	Schalter
teipe (m)	Tesafilm
tobo	Eimer

tobo

Bezeichnungen für die Bewohner der einzelnen Regionen:

andino / andina	eine(r) aus den Anden
caraqueño / caraqueña	eine(r) aus Caracas
guayanés / guayanesa	eine(r) aus Guayana
llanero / llanera	eine(r) aus den Llanos
maracucho / maracucha	eine(r) aus Maracaibo
margariteño / margariteña	eine(r) von der Insel Margarita

Literaturhinweise

Lexika:

● **Diccionario de venezolanismos,** Vol. 1, Caracas: Academia Venezolana de la Lengua y Universidad Central de Venezuela 1983

● **Lisandro Alvarado: Glosario de voces indígenas de Venezuela** (Obras completas, Vol. I), Caracas 1953

● **Lisandro Alvarado: Glosarios del bajo español en Venezuela,** 2. parte: **Neologismos y arcaismos** (Obras completas, Vol. III), Caracas 1955

Grammatik:

● **Minelia de Ledezma u. Hugo Obregón: Gramática del español de Venezuela.** Introducción, Caracas 1990

Sprachwissenschaftliche Darstellungen:

● **Alexandra Alvarez u.a.: El idioma español de la Venezuela actual (Cuadernos Lagoven),** Caracas 1992

● **Hugo Kubarth: Das lateinamerikanische Spanisch.** Ein Panorama, München 1987 (enthält auch ein Kapitel über Venezuela)

● **H.-D. Paufler: Lateinamerikanisches Spanisch.** Phonetisch-phonologische und morphologisch-syntaktische Fragen, Leipzig 1977

Reiseführer:

● **Janice Bauman und Leni Young: Guide to Venezuela,** 4. Auflage, Caracas (Armitano) 1989

● **Diethelm Kaiser und Olivia Gordones: Venezuela: von den Anden zum Orinoco.** Reisehandbuch, 2. Auflage, Hohenthann 1992 (Verlagsgruppe Reise Know-how)

● **Karl-Arnulf Rädecke: Venezuela, Kolumbien und Ecuador.** Reise-Handbuch, 2. Auflage, Köln 1991 (Richtig Reisen)

Wer in tropischen und subtropischen Ländern reist, weiß, daß die dortige medizinische Versorgung nicht mit der von zu Hause gewohnten vergleichbar ist.

Dieses Buch gibt Anleitung zur Hilfe und Selbsthilfe in allen Situationen, die die Gesundheit und Hygiene betreffen und orientiert sich dabei an den realen Gegebenheiten unterentwickelter Länder. Es vermittelt nicht nur Grundlagen der medizinischen Diagnose, Behandlung und Verhinderung typischer Krankheiten unterwegs, sondern bietet darüber hinaus umfassendes Hintergrundwissen zu allen Aspekten der Gesundheit.

Der Autor qualifizierte sich durch 20jährige Gesundheits-Fürsorge-Arbeit in den Bergregionen Mexikos. Sein Buch wurde mittlerweile in über 20 Sprachen übersetzt und in der ganzen Welt verbreitet. Die vorliegende deutsche Erstausgabe orientiert sich an den Bedürfnissen von Reisenden, die Gegenden besuchen, in denen es lebenswichtig sein kann, sich selbst und anderen helfen zu können.

Inhaltsübersicht

Vorbeugen: Hygiene, richtige Ernährung, Sonnenschutz usw. **Grundwissen:** Wie man Kranke untersucht, wie man sie pflegt, wie man Medikamente gebraucht; Antibiotika, was sie sind, wann sie helfen; Heilen ohne Medizin; wie und wann man Spritzen gibt; Hausmittel und Aberglaube in der 3. Welt; Krankheiten, die man oft verwechselt...

Krankheiten der Tropen: von Durchfall bis Allergie, von Erkältung bis Höhenkrankheit, Würmer und Parasiten, schwere Erkrankungen (Malaria, Typhus, Tetanus u.a.).

Hautkrankheiten: Identifikation, Behandlung, Ursachen.

Sonstige Krankheiten: Augenkrankheiten, Zahnprobleme, Erkrankungen der Blase und Genitalien usw.

Erste Hilfe: Was tun bei Fieber, Schock, Ohnmacht, Unfällen, Hitzeschäden? Behandlung von Wunden, Knochenbrüchen, Verrenkungen, Vergiftungen, Bissen, Transport von Verletzten usw.

Anhang für Fernreisende: Impfkalender, Adressen, Reise-Apotheke, Erste-Hilfe-Ausrüstung, Literaturangaben, Sach- und Stichwortregister, Malariaresistenz-Liste.

Über 300 erläuternde Abbildungen, Tabellen, Fieberkurven und vieles mehr.

David Werner

Wo es keinen Arzt gibt

Medizinisches Gesundheitshandbuch zur Hilfe und Selbsthilfe auf Reisen.

328 Seiten

mit Malariaresistenz-Liste
ISBN 3-922376-35-5, DM 26.80

ISBN 3-921497-40-X, DM 36,80

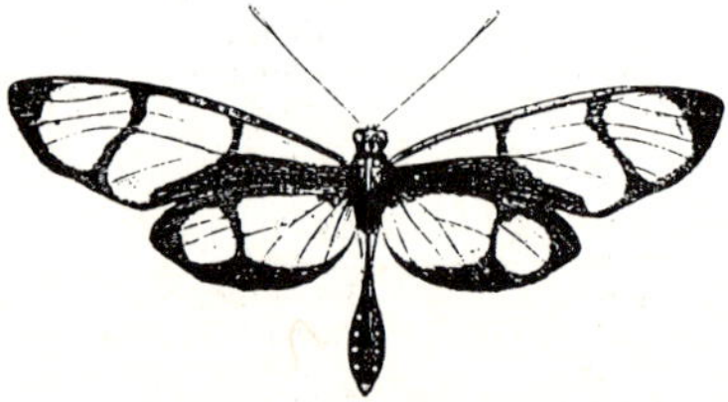

Wörterlisten

Die beiden folgenden Wörterlisten enthalten jeweils ca. 1000 Begriffe aus dem Grundwortschatz der beiden Sprachen, mit denen man schon recht weit kommen kann. Ein Wörterbuch vermögen diese Zusammenstellungen freilich nicht zu ersetzen. Nicht aufgenommen sind Zahlen und Bezeichnungen für Körperteile, Farben, Speisen, Getränke, Lebensmittel und Bekleidung, die man relativ einfach den Listen in den entsprechenden Kapiteln entnehmen kann.

● **Hauptwörter (Substantive):** Hauptwörter auf **-o** sind männlich, die auf **-a** immer weiblich, sofern nicht anders angegeben. Ansonsten ist das grammatische Geschlecht nur dann genannt, wenn man es an der Endung nicht eindeutig ablesen kann.

● **Eigenschaftswörter (Adjektive):** Angegeben ist immer nur die männliche Einzahlform.

● **Unregelmäßige Verben (Tätigkeitswörter)** sind mit einem * gekennzeichnet. Die meisten von ihnen findet man in den Kapiteln "Unregelmäßige Verben", "Modalverben" oder "Sein & Haben".

● **Abkürzungen:**

m	männlich	Eig.	Eigenschaftswort
w	weiblich	Umst.	Umstandswort
Mz	Mehrzahl	unpers.	unpersönlich

Deutsch - Castellano

A

ab (zeitl.)	a partir de
abbiegen	cruzar
Abend (früher)	tarde (w)
Abend (später)	noche (w)
Abendessen	cena
Abenteuer	aventura
aber	pero
abfahren	salir*
Abfall	basura
abfliegen	despegar
abgeben	entregar
abreisen	salir*
Abschied	despedida
abschleppen	remolcar
Absicht	intención
Adresse	dirección (w)
ähnlich	parecido
Alkohol	alcohol (m)
allein	solo
alles	todo
als (Vgl.)	que
als (zeitl.)	cuando
also	entonces
alt	viejo
Alter (Lebens-)	edad (w)
Ampel	semáforo

anbieten	ofrecer*
Andenken	recuerdo
andere	otros
anfangen	empezar*
Angst	miedo
anhalten	parar
ankommen	llegar
Ankunft	llegada
anmelden	avisar
anrufen	llamar por teléfono
Antwort	respuesta
antworten	responder
anzünden	encender*
Apotheke	farmacia, botica
Arbeit	trabajo
arbeiten	trabajar
arm	pobre
Art und Weise	manera
Arzt	médico
auch	también
auch nicht	tampoco
auf	sobre, en
Aufenthalt	estadía
aufhören	terminar
aufpassen	tener* cuidado con
aufräumen	arreglar
aufstehen	levantarse
aufwachen	despertarse*
aus (wegen)	por
aus (von)	de
außen	fuera
außer	excepto
außerdem	además
Ausflug	excursión (w)
Ausfuhr	exportación (w)
Ausgang	salida
ausgezeichnet	excelente
Auskunft	información (w)
Ausland	extranjero
Ausländer	extranjero
Ausländerin	extranjera
Ausnahme	excepción (w)
ausreichend	bastante (Umst.)
Ausreise	salida
Aussicht	vista
Aussprache	pronunciación (w)
aussteigen	bajarse
Ausstellung	exposición (w)
Ausweis (Personal-)	cédula de identidad
ausziehen (Kleidung)	desvestirse*
Auto	carro
Autobahn	autopista
Autowerkstatt	taller mecánico (m)

B

Bad(ezimmer)	(cuarto de) baño
Badeanzug	traje de baño (m)
Badehose	traje de baño (m)
baden	bañarse
Bahnhof	terminal (m)
bald	pronto
Bank (Geld)	banco
bar (Geld)	en efectivo
Bargeld	dinero en efectivo
Batterie	pila
bauen	construir*
Baum	árbol (m)
bedeuten (heißen)	significar
beeilen, sich	apurarse
beenden	terminar
begegnen, sich	encontrar*
beginnen	comenzar*
begleiten	acompañar
begrüßen	saludar
behandeln (Krankh.)	tratar
Behörde	autoridades (w,Mz)
bei (nahe)	cerca de
bei (in)	en
Beispiel	ejemplo
bekannt machen (jmd. mit)	presentar (a alguien)
bekommen	recibir
belästigen	molestar
beleidigen	ofender
benachrichtigen	informar
benutzen	usar
Benzin	gasolina
Berg	montaña
Beruf	profesión (w)
berühmt	famoso
beschweren, sich	reclamar
besichtigen	visitar
Besitzer	propietario
Besitzerin	propietaria
besser	mejor
bestellen	pedir*
Bestellung	pedido

bestrafen	castigar
Besuch	visita
besuchen	visitar
betrügen	engañar
betrunken	borracho
Bett	cama
Bettwäsche	ropa de cama
bevor	antes de
bewachen	vigilar
Beweis	prueba
bezahlen	pagar
Bier	cerveza
Bild (Gemälde)	cuadro
Bild (Vorstellung)	imaginación (w)
billig	barato
bis	hasta
bißchen	un poco
Bitte	ruego
bitten	rogar
bitter (Geschmack)	amargo
Blatt	hoja
bleiben	quedarse
Bleistift	lápiz (m)
blond	catire
Blume	flor (w)
Blut	sangre (w)
Boden	piso
Bonbon	caramelo
Boot	lancha
böse	malo
Botschaft (dipl.)	embajada
Brand	incendio
Braten	asado
Brauch	costumbre (w)
brauchen	necesitar
breit	ancho
bremsen	frenar
brennen	quemar
Brief	carta
Briefmarke	estampilla
Briefumschlag	sobre (m)
Brille	lentes (w,Mz)
bringen	traer*
Brot	pan (m)
Brücke	puente (m)
Buch	libro
buchen	reservar
Buchhandlung	librería
Buchstabe	letra
bunt	colorido
Burg	castillo
Bürger (Staats-)	ciudadano
Bürgerin (Staats-)	ciudadana
Büro	oficina
Bus	autobús (m)

C

Chauffeur	chofer (m)
Chef	jefe (m)
Computer	computadora
Creme	crema

D

da	allá, allí
Dach	techo
dafür (Zweck)	para eso
dahinter	detrás
damit (um zu)	para que
danach	después
danke	gracias
danken	agradecer*
dann	entonces, luego
darum	por eso
daß	que
Datum	fecha
dauern	durar
Decke (Bett)	cobija
Deckel	tapa
denken	pensar*
Denkmal	monumento
denn	porque
deshalb	por eso
deutsch	alemán
Deutsche	alemana
Deutscher	alemán
Deutschland	Alemania
Dialekt	dialecto
dick	gordo
Diebstahl	robo
diese(r, -s)	este (m), esta (w), esto (unpers.)
Ding	cosa
Diskothek	discoteca
Dokument	documento
Dorf	pueblo
dort	allá, allí

dorthin	hacia allá, allí
Dose	lata
draußen	(a)fuera
dringend	urgente
drinnen	dentro
dumm	tonto, gafo
dunkel	oscuro
dünn	flaco
durch (quer)	a través de
dürfen	deber
dürfen	poder*
Durst	sed (w)
Durst haben	tener* sed
Dusche	ducha

E

echt	auténtico
Ecke	esquina
Ehefrau	esposa
Ehemann	esposo
Ehepaar	matrimonio
Ei	huevo
eigen	propio
Eigentum	propiedad (w)
einander	uno a otro
Einbruch	robo
einfach	fácil
Einfuhr	importación (w)
Eingang	entrada
einige	unos, algunos
Einkauf	compra
einladen	invitar
Einladung	invitación (w)
einmal	una vez
einsteigen	subir
eintreten	entrar
Eintritt	entrada
einverstanden	de acuerdo
Einwohner	habitante (m)
Eis (gefr. Wasser)	hielo
Eis (Speise-)	helado
Eisenbahn	ferrocarril (m)
elend	miserable
Eltern	padres (m,Mz)
empfangen	recibir
empfehlen	recomendar*
Ende	final (m)
endlich	por fin
eng	angosto
England	Inglaterra
Engländer	inglés
Engländerin	inglesa
englisch	inglés
entscheiden	decidir
entschuldigen, sich	disculparse
erbrechen, sich	vomitar
Erde	tierra
Ereignis	suceso
Erfolg	éxito
erholen, sich	descansar
erinnern, sich	acordarse*
erkälten, sich	resfriarse
erklären	explicar
erkundigen, sich	informarse
erlauben	permitir
Erlaubnis	permiso
Ermäßigung	rebaja
erreichen	conseguir*
erschrecken	asustar
erzählen	contar*
essen	comer
Essen (Mahlzeit)	comida
Etage	piso
etwa	aproximadamente
etwas	algo
Europa	Europa
europäisch	europeo

F

Fabrik	fábrica
Faden	hilo
Fähre	ferry (m)
fahren	ir*
fahren (Auto)	manejar
Fahrkarte	pasaje (m)
Fahrplan	horario
Fahrpreis	precio del viaje
Fahrrad	bicicleta
Fahrzeug	vehículo
fallen	caer*
falsch	falso
Familie	familia
Familienname	apellido
fast	casi
faul (Obst)	podrido
faul (träge)	flojo

fehlen	faltar
Fehler	error (m)
Feier	fiesta
feiern	celebrar
feilschen	regatear
fein	fino
Feind	enemigo
Feld	campo
Fenster	ventana
Ferien	vacaciones (w,Mz)
fern	lejos
Fernsehgerät	televisor (m)
fertig	listo
fest	fijo
Fest	fiesta
Fett	grasa
feucht	húmedo
Feuer	fuego
Film (Kamera)	rollo
Film (Kino)	película
finden	encontrar*
Finger	dedo
Fisch	pez (m)
Fisch (Speise-)	pescado
Flasche	botella (w)
Fleisch	carne (w)
fleißig	aplicado, trabajador
fliegen	volar
flirten	flirtear
Flughafen	aeropuerto
Flugticket	ticket (m)
Flugzeug	avión (m)
Fluß	río
folgen	seguir*
Folklore	folklore (m)
Formular	formulario
Fotoapparat	cámara fotográfica
Fotografie	retrato, foto
fotografieren	tomar fotos
Frage	pregunta
fragen	preguntar
Frankreich	Francia
Franzose	francés
Französin	francesa
französisch	francés
Frau	mujer (w)
Frau (Anrede)	señora
frech	atrevido
frei	libre
Freiheit	libertad (w)
fremd	extraño
Freude	alegría
freuen, sich	alegrarse
Freund	amigo
Freundin	amiga
freundlich	amable
Freundschaft	amistad (w)
Frieden	paz (w)
frieren	tener* frío
frisch (Obst u.ä.)	fresco
fröhlich	alegre
Frucht	fruta
früh	temprano
frühstücken	desayunar
fühlen, sich	sentir*
führen	guiar
Führung	visita guiada
für	para
fürchten, sich (vor)	tener* miedo
Fuß	pie (m)

G

Gabel	tenedor (m)
ganz	completo
Garten	jardín (m)
Gas	gas (m)
Gast	huésped (m)
Gastfreundschaft	hospitalidad (w)
Gastgeber	anfitrión (m)
Gebäude	edificio
geben	dar*
Gebirge	sierra
geboren	nacido
Gebühr	tarifa
Gebühr (Steuer)	impuesto
Geburtstag	cumpleaños (m)
Geduld	paciencia
gefährlich	peligroso
gefallen	gustar
Gefängnis	cárcel (w)
Gefühl	sentimiento (m)
gegen	contra
Gegend	región (w)
gegenüber	frente a
geheim	secreto
gehen	ir*, caminar
geizig	pichirre, tacaño

Gelände	terreno
Geld	dinero, plata
Gemüse	verduras (w,Mz)
genau	exacto
genießen	disfrutar, gozar
genug	suficiente
Gepäck	equipaje (m)
geradeaus	derecho, recto
gerecht	justo
gern	con mucho gusto
Geruch	olor (m)
Geschäft (Laden)	tienda
Geschäft (Tätigk.)	negocio
Geschenk	regalo
Geschichte (Erzähl.)	cuento
Geschichte (Hist.)	historia
Geschwister	hermanos (m,Mz)
Gesellschaft	sociedad (w)
Gesetz	ley (w)
Gespräch	conversación (w)
gestern	ayer
gesund	sano
Gesundheit	salud (w)
Getränk	bebida
Gewicht	peso
Gewitter	tormenta
gewöhnen, sich	acostumbrarse
gibt: es gibt	hay
Gift	veneno
Giftschlange	culebra venenosa
Glas (Material)	vidrio
Glas (Trink-)	vaso
glauben	creer*
gleich (egal)	igual
gleich (sofort)	de inmediato
Glück	suerte (w)
glücklich	feliz
glücklich sein	ser* / estar* feliz
Gold	oro
Gott	Dios (m)
Gramm	gramo
Grammatik	gramática
Gras	hierba
gratulieren	felicitar
Grenze (Landes-)	frontera
groß	grande, alto
Größe (Kleidung)	talla
größer	más grande
großzügig	generoso
Gruppe	grupo
grüßen	saludar
gültig	válido
gut	bueno (Eig.); bien (Umst.)

H

Haar	pelo, cabello
haben (besitzen)	tener*
haben (Hilfsverb)	haber*
Hafen	puerto
halb	medio
Hälfte	mitad (w)
Haltestelle	parada
Hand	mano (w)
Handel	comercio
handgemacht	hecho a mano
Handtuch	toalla
Handwerk	artesanía
Hängematte	hamaca
Hängematte (Netz-)	chinchorro
hart	duro
häßlich	feo
Haus	casa
Hausfrau	ama de casa
Hausherr	dueño de la casa
heben	levantar
heiraten	casarse
heiß	caliente
heißen	llamarse
helfen	ayudar
hell	claro
Herr (Anrede)	señor (m)
Herz	corazón (m)
herzlich	cariñoso
heute	hoy
hier	aquí
hierhin	acá
Hilfe	ayuda
Himmel	cielo
hinter	detrás
Hitze	calor (m)
hoch	alto
Hochzeit	boda
Hof	patio
hoffen	esperar que
höflich	educado
Höhle	cueva

Holz	madera
hören (zuhören)	escuchar
hören	oír*
Hotel	hotel (m)
hübsch	bonito, lindo
Hunger	hambre (w)
Hygiene	higiene (w)

I

immer	siempre
impfen	vacunar
in (Richtung)	a
in (zeitl./Ort)	en
Industrie	industria
innerhalb (zeitl.)	entre
Insekt	insecto
Insel	isla
interessant	interesante
interessieren, sich (für)	interesarse (por)
international	internacional
inzwischen	entretanto
Irrtum	error (m)

J

ja	sí
jagen	cazar
Jahr	año
jährlich	anual
jeder	cada
jedesmal	cada vez
jemand	alguien
jener	aquél
jetzt	ahora
jung	joven
Junge	niño, muchacho, chamo

K

Kaffee	café (m)
kalt	frío
kämmen (sich)	peinarse
kaputt	roto
kaputtmachen	romper
Kasse	caja
kaufen	comprar
Kaufhaus	tienda por departamentos
kaum	apenas
kein	ningún
keine (Ez)	ninguna (w)
keiner	ninguno (m)
Kellner	mesonero
kennen	conocer*
Kind (Junge)	niño
Kind (Mädchen)	niña
Kino	cine (m)
Kirche	iglesia
Kleidung	ropa
klein	pequeño
Klingel	timbre (m)
Kneipe	bar (m)
kochen	cocinar
Koffer	maleta
kommen	venir*
Kompliment	piropo
kompliziert	complicado
Kondom	condón (m)
können	poder*
Konsulat	consulado
Kontrolle	control (m)
kontrollieren	controlar
kosten (Preis)	costar*
kosten (probieren)	probar*
kostenlos	gratuito
Kraft	fuerza
krank	enfermo
Krankenhaus	hospital (m)
Krankheit	enfermedad (w)
Kreuzung	cruce (m)
Krieg	guerra
Küche	cocina
kühl	fresco
Kühlschrank	nevera
Kunst	arte (m)
kunstgewerbl. Waren	artesanía
Kurve	curva
kurz	corto
Kuß	beso, besito
küssen	besar
Küste	costa

L

lächeln	sonreír*
lachen (über etwas)	reír* (de algo)
Lage (geogr.)	posición (w)
Lager (Zelt-)	campamento
Laken	sábana
Lampe	lámpara
Land	país (m)
Landkarte	mapa (m)
Landschaft	paisaje (m)
Landstraße	carretera
Landwirtschaft	agricultura
lang	largo
langsam	despacio
langweilig	aburrido
Lappen	trapo
Lärm	ruido
lassen	dejar
Lateinamerika	América Latina
laufen (rennen)	correr
laut	alto
leben	vivir
Leben	vida
Lebensmittel	alimentos (m,Mz)
Leder	cuero
ledig	soltero
leer	vacío
legen	poner*
lehren	enseñar
leicht (nicht schwer)	liviano
leicht (nicht schwierig)	fácil
leihen, sich (von)	prestarse
leise	silencioso
lernen	aprender
lesen	leer
letzter	último
Leute	gente (w)
Licht	luz (w)
Liebe	amor (m)
lieben	querer*
Lied	canción (w)
liegen	estar* en/sobre
links	izquierda
Loch	hueco
Löffel	cuchara
Lohn (Gehalt)	sueldo, salario
Luft	aire (m)
lügen	mentir*
Lust	ganas (w,Mz)
Lust haben (zu)	tener* ganas (de)
lustig	divertido

M

machen (tun)	hacer*
Macht	poder (m)
Mädchen	niña, muchacha, chama
Mal	vez (w)
malen	pintar
man	se, uno
manchmal	a veces
Mann	hombre (m)
Markt	mercado
Maschine	máquina
Medikament	medicina
Meer	mar (m)
mehr	más
Meinung	opinión (w)
Menge (Quantität)	cantidad (w)
Mensch	ser humano (m)
menschlich sein	ser* humano
merken, sich	acordarse* de
Messer	cuchillo
mieten	alquilar
Minute	minuto
mit	con
Mittag	mediodía (m)
Mittag essen	almorzar*
mitteilen	comunicar
Mitternacht	medianoche (w)
Mode	moda
mögen	gustar, querer*
möglich	posible
Monat	mes (m)
Mond	luna
morgen	mañana
Morgen	mañana
Moskitonetz	mosquitero
Motor	motor (m)
Motorboot	lancha
Motorrad	moto (w)
müde	cansado
Müll	basura
muß: man muß	hay que
Museum	museo

Musik	música
müssen	tener* que
Mutter	madre (w)

N

nach (hinter)	después de
nach (Richtung)	a, hacia, para
Nachbar	vecino
Nachmittag	tarde (w)
Nachricht	noticia
nächstes Mal	la próxima vez
Nacht	noche (w)
nackt	desnudo
nah	cercano
nähen	coser
Name (Vor-)	nombre (m)
Name (Familien-)	apellido
naß	mojado
Nationalität	nacionalidad (w)
Natur	naturaleza
natürlich (n. künstl.)	natural
neben	al lado de, junto a
nehmen	tomar
nein	no
nett	simpático
neu	nuevo
neugierig	curioso
nicht	no
nichts	nada
niedrig	bajo
niemals	nunca
niemand	nadie
noch	todavía
noch einmal	otra vez
Norden	norte (m)
normal	normal
Notfall	caso de emergencia
notwendig	necesario
Nummer	número
nur	solo (Eig.); solamente (Umst.)
nutzen	utilizar

O

ob (falls)	si
oben	arriba
obgleich	aunque
Obst	fruta
oder	o
offen	abierto
öffentlich	público
öffnen	abrir
oft	a menudo
ohne	sin
Öl	aceite (m)
Ordnung	orden (m)
Organ	órgano
organisieren	organizar
Ort	lugar (m)
Osten	este (m)
Österreich	Austria
Österreicher	austríaco
Österreicherin	austríaca
österreichisch	austríaco

P

paar (einige)	unos, algunos
Paar	par (m)
Päckchen	paquetico
Paket	paquete (m)
Palast	palacio
Panne	avería (w)
Papier	papel (m)
Park	parque (m)
parken (Wagen)	estacionar
Parkplatz	estacionamiento
Partei	partido
Paß	pasaporte (m)
passieren (geschehen)	pasar
Patient	paciente (m+w)
Pause	pausa
Pech	mala suerte
Person	persona
Pfeffer	pimienta
Pflanze	planta
Plan	plan (m)
Platz (Stadt)	plaza
Platz (Sitz-)	asiento
plötzlich	de repente
Politik	política
Polizei	policía
Post(amt)	correo
Preis	precio
Presse	prensa

privat	privado
Problem	problema (m)
Programm	programa (m)
Prospekt	folleto
prüfen	revisar, examinar
Prüfung	examen (m)
pünktlich	puntual

Q

Qualität	calidad (w)
Quatsch	tonterías (w,Mz)
Quelle	fuente (w)
querfeldein	a campo traviesa
Quittung	recibo

R

Rabatt	descuento
Rad	rueda
Radio (Medium)	radio (w)
Radiogerät	radio (m)
Rand	borde (m)
rasieren	afeitar
Rat	consejo
Raub	robo
rauchen	fumar
Raum	espacio
Raum (Zimmer)	cuarto
rechnen	calcular
Rechnung	cuenta
Recht	derecho
rechts	derecha
reden	hablar
Regen	lluvia
Regenschirm	paraguas (m,Mz)
Regierung	gobierno
registrieren	registrar
reich	rico
reif	maduro
Reifen	caucho
Reise	viaje (m)
Reisebüro	agencia de viajes
reisen	viajar
rennen	correr
Reparatur	reparación (w)
reparieren	arreglar, reparar
reservieren	reservar
Restaurant	restaurante (m)
Rettungswagen	ambulancia
richtig	correcto, exacto
Richtung	dirección (w)
roh	crudo
Rückfahrt	viaje de vuelta (m)
Rückkehr	regreso
Rucksack	morral (m)
rückständig	atrasado
rufen	llamar
Ruhe	tranquilidad (w)
ruhen	descansar
Rum	ron (m)

S

Sache	cosa
Saft	jugo
sagen	decir*
Salat	ensalada
Salbe	pomada
Salz	sal (w)
sammeln	coleccionar
Sand	arena
satt	satisfecho
Satz (Grammatik)	frase (w)
sauber	limpio
säubern	limpiar
sauer (Geschmack)	ácido
Schachtel	caja
Schaden	daño
Schallplatte	disco
scharf	picante
Schatten	sombra
Scheck	cheque (m)
schenken	regalar
Schere	tijera
Scherz	broma
schicken (senden)	mandar
Schicksal	destino
schießen	tirar
Schiff	barco
Schimpfwort	grosería
schlafen	dormir*
Schlafzimmer	dormitorio
schlagen	golpear
schlagen	pegar
schlank	delgado
schlecht	malo (Eig.); mal (Umst.)

schlechter	peor
schließen	cerrar*
Schloß (Bau)	castillo
Schlüssel	llave (w)
schmackhaft	sabroso
Schmerz	dolor (m)
schmerzen	doler
Schmuck	joyas (w,Mz)
schmutzig	sucio
Schnaps	aguardiente (m)
schneiden	cortar
schnell	rápido
schon	ya
schön	bonito, lindo
Schrank	armario
schrecklich	terrible
schreiben	escribir
schreien	gritar
schulden	deber
schuldig	culpable
Schule	escuela
Schutz	protección (w)
schwach	débil
schwanger	embarazada
schweigen	callar, callarse
Schweiz	Suiza
Schweizer	suizo
Schweizerin	suiza
schweizerisch	suizo
schwer	pesado
schwierig	difícil
schwimmen	nadar
schwitzen	sudar
See, der	lago
sehen	ver*
Sehenswürdigkeiten	sitios de interés (m)
sehr	muy
Seide	seda
Seife	jabón (m)
Seil	cuerda
sein (Verb)	estar*, ser*
seit	hace, desde
Seite (Richtung)	lado
Sekunde	segundo
selbst	mismo
selten	raro
setzen, sich	sentarse*
sicher	seguro, cierto
Sie (Anrede)	Usted(es) (Ez/Mz)

Silber	plata
singen	cantar
Sinn	sentido
sitzen	estar* sentado
sitzen (passen: Kleidung)	quedar bien
so	así
sofort	en seguida
sogar	incluso
Sohn	hijo
solch	tal
sollen	deber
Sonne	sol (m)
sorgen, sich	preocuparse
Spanien	España
Spanier	español
Spanierin	española
spanisch	español
sparen	ahorrar
spät	tarde
spazierengehen	dar* un paseo
Speise	comida
Speisekarte	menú (m)
Spiegel	espejo
spielen	jugar*
Spielzeug	juguete (m)
Sport	deporte (m)
Sprache	idioma (m)
sprechen	hablar
spritzen (Med.)	inyectar
Staatsangehörigkeit	nacionalidad (w)
Stadt	ciudad (w)
Stadtplan	mapa (m)
stark	fuerte
Staub	polvo
Steckdose	enchufe (m)
stehen	estar* de pie
stehlen	robar
Stein	piedra
Stelle (Ort)	sitio
stellen	colocar
sterben	morir*
Stil (Architekt.)	estilo
Stimme	voz (w)
Stoff	tela
stören	molestar
Strafe	castigo
Strand	playa
Straße	calle (w)

Straße (Land-)	carretera
Streichholz	fósforo
streiten	pelear
Stück	pieza, trozo
studieren	estudiar
Stunde	hora
suchen	buscar
Süden (Richtung)	sur (m)
Summe	suma
Suppe	sopa
süß	dulce
Swimmingpool	piscina

T

Tabak	tabaco
Tablette	pastilla
Tag	día (m)
täglich	diario
Tal	valle (m)
tanken	poner* gasolina
Tankstelle	bomba de gasolina
tanzen	bailar
Tasche	cartera
Tasse	taza
tauchen	bucear
Taxi	taxi (m)
Tee	té (m)
Telefon	teléfono
telefonieren	llamar por teléfono
Telegramm	telegrama (m)
Teller	plato
Termin	fecha
teuer (Preis)	caro
Teufel	diablo
Theater	teatro
tief	hondo
Tier	animal (m)
Tisch	mesa
Tochter	hija
Tod	muerte (w)
Toilette	sanitario, baño
Topf	olla
tot	muerto
töten	matar
Tourist(in)	turista (m+w)
Tradition	tradición (w)
tragen	cargar, llevar
träumen	soñar*
traurig	triste
treffen (begegnen)	encontrar*
Treppe	escalera
trinken	beber, tomar
Trinkgeld	propina
trocken	seco
tun (machen)	hacer*
Tür	puerta
Turm	torre (w)
Tüte	bolsa

U

üben	practicar
über (örtl.)	sobre
über (zeitl.)	más
überall	en todas partes
überfallen	asaltar
übermorgen	pasado mañana
überqueren	cruzar
Überraschung	sorpresa
übersetzen (Sprache)	traducir*
Übersetzer	traductor
Übersetzerin	traductora
übertreiben	exagerar
Überweisung	transferencia
überzeugen	convencer*
üblich	usual
übrig	restante
Ufer	orilla
Uhr	reloj (m)
um	alrededor de
um zu ...	para
Umgebung	ambiente (m)
Umleitung	desviación (w)
umtauschen	cambiar
Umweg	rodeo
Umwelt	medio ambiente
unbekannt	desconocido
und	y
Unfall	accidente (m)
ungefähr	más o menos
Universität	universidad (w)
unmöglich	imposible
unschuldig	inocente
unten	abajo
unter	debajo de
unterhalten (sich)	conversar
Unterkunft	alojamiento

unterrichten (lehren)	dar* clases
Unterschied	diferencia
unterschreiben	firmar
Unterschrift	firma
unterstützen	apoyar
unverschämt	sinvergüenza
Urlaub	vacaciones (w,Mz)
Ursache	causa
Ursprung	origen (m)

V

Vater	padre (m)
Venezolaner	venezolano
Venezolanerin	venezolana
venezolanisch	venezolano
Venezuela	Venezuela
verabreden (sich)	citarse
Verabredung	cita
verabschieden, sich	despedirse
verbessern	mejorar
verboten	prohibido
Verbrechen	crimen (m)
verbrennen	quemar
verdienen	ganar
vergessen	olvidar
vergewaltigen	violar
vergnügen, sich	divertirse*
verheiratet	casado
verirren, sich	equivocarse
verkaufen	vender
Verkehr	tráfico
verleihen an jmdn.	prestar a
verletzt	herido
Verletzung	herida
verlieben, sich	enamorarse
verlieren (Dinge)	perder*
vermeiden	evitar
vermieten	alquilar
vermitteln	intermediar
vermuten	suponer*
verrückt	loco
verschwinden	desaparecer*
Versicherung	seguro
verspäten, sich	retrasarse
versprechen	prometer
verstecken	esconder
verstehen	entender*
versuchen	intentar
verteidigen	defender*
Vertrag	contrato
Vertrauen	confianza
verwechseln	confundir
verzeihen	perdonar
verzollen	declarar
viel	mucho
vielleicht	tal vez, quizás
Vogel	pájaro
Volk	pueblo
voll	lleno
von (Ort)	de
vor (räuml.)	delante de
vorbereiten	preparar
vorgestern	anteayer
vorher	antes
Vormittag	mañana
vormittags	por la mañana
Vorname	nombre (m)
vorschlagen	proponer*
vorsichtig	cuidado
vorstellen (jmdn.)	presentar
vorstellen, sich (bekanntmachen)	presentarse
vorstellen, sich	imaginarse
Vorteil	ventaja
Vorurteil	prejuicio
vorwärts	adelante

W

Waffe	arma (m)
Wagen	carro
Wahl	elección (w)
wahr	verdadero
während	mientras
Wahrheit	verdad (w)
Wald	bosque (m)
Wand	pared (w)
wandern	caminar
wann?	¿cuándo?
Ware	mercancía
warm	caliente
warten	esperar
warum?	¿por qué?
was?	¿qué?
waschen	lavar
Wasser	agua (m)
Wasserhahn	llave del agua

Watte	algodón (m)
wechseln (Geld)	cambiar (dinero)
wecken	despertar*
Weg	camino
wegen	por
weiblich	femenino
weich	suave, blando
weil	porque
Wein	vino
weinen	llorar
weit	lejos
welcher?	¿cuál?
Welt	mundo
wenig	poco
weniger	menos
wenn (als)	cuando
wenn (falls)	si
wer?	¿quien?
Westen	oeste (m)
westlich	occidental
Wetter	tiempo
wichtig	importante
wie (Bindew.)	como
wie lange?	¿cuánto tiempo?
wie?	¿cómo?
wieder	otra vez
wiederholen	repetir
wieviel?	¿cuánto?
wild	salvaje
Wind	viento
wissen	saber*
Witz	chiste (m)
wo?	¿dónde?
Woche	semana
wofür?	¿para qué?
woher?	¿de dónde?
wohin?	¿a dónde?
wohnen	vivir
Wohnung	apartamento, casa
wollen	querer*
Wort	palabra
Wörterbuch	diccionario
Wunde	herida
wunderbar	maravilloso
wünschen	desear
Wut	rabia
wütend	rabioso

Z

zahlen	pagar
zählen	contar*
Zahnarzt	dentista (m+w)
Zahnbürste	cepillo de dientes
Zahnpasta	pasta de dientes
zeigen	mostrar*, enseñar
Zeit	tiempo
Zeitschrift	revista
Zeitung	periódico
Zentrum	centro
zerstören	destruir*
Zigarette	cigarrillo
Zimmer	habitación (w), cuarto
Zoll	aduana
Zollerklärung	declaración (w)
zu (nach)	a, hacia
zu Fuß	a pie
zufrieden	contento
Zug	tren (m)
zurück	hacia atrás
zusammen	junto
zuviel	demasiado
zwischen	entre

Castellano - Deutsch

A

a	in, nach, zu (Richtung)
abajo	unten
abierto	offen
abrir	öffnen
aburrido	langweilig
acá	hierhin
accidente (m)	Unfall
aceite (m)	Öl
ácido	sauer (Geschmack)
acompañar	begleiten
acordarse*	sich erinnern
acordarse* de	sich merken
acostumbrarse	sich gewöhnen

acuerdo, de ...	einverstanden
adelante	vorwärts
además	außerdem
aduana	Zoll
aeropuerto	Flughafen
afeitar	rasieren
agencia de viajes	Reisebüro
agradecer*	danken
agricultura	Landwirtschaft
agua (m)	Wasser
aguardiente (m)	Schnaps
aguja	Nadel
ahora	jetzt
ahorrar	sparen
aire (m)	Luft
alcohol (m)	Alkohol
alegrarse	sich freuen
alegre	fröhlich
alegría	Freude
alemán	deutsch
alemán	Deutscher
alemana	Deutsche
Alemania	Deutschland
algo	etwas
algodón (m)	Watte
alguien	jemand
algunos	einige
alimentos (m,Mz)	Lebensmittel
allá	da, dort
allí	da, dort
almorzar*	Mittag essen
alojamiento	Unterkunft
alquilar	vermieten, mieten
alrededor de	um
alto	groß; hoch; laut
amable	freundlich
amargo	bitter (Geschmack)
ambiente (m)	Umgebung
ambulancia	Rettungswagen
América Latina	Lateinamerika
amiga	Freundin
amigo	Freund
amistad (w)	Freundschaft
amor (m)	Liebe
ancho	breit
anfitrión (m)	Gastgeber
angosto	eng
animal (m)	Tier
anteayer	vorgestern
antes	vorher
antes de	bevor
anual	jährlich
año	Jahr
apartamento	Wohnung
apellido	Familienname
apenas	kaum
apoyar	unterstützen
aprender	lernen
aproximadamente	etwa
apurarse	sich beeilen
aquél	jener
aquí	hier
arma (m)	Waffe
armario	Schrank
arreglar	aufräumen
arreglar	reparieren
arriba	oben
arte (m)	Kunst
artesanía	Handwerk
asado	Braten
asaltar	überfallen
así	so
asiento	(Sitz)Platz
asustar	erschrecken
atrasado	rückständig
atrevido	frech
aunque	obgleich
Austria	Österreich
austríaca	Österreicherin
austríaco	Österreicher; österreichisch
auténtico	echt
autobús (m)	Bus
autopista	Autobahn
autoridades (w,Mz)	Behörde
avería (w)	Panne
avión (m)	Flugzeug
avisar	anmelden
ayer	gestern
ayuda	Hilfe
ayudar	helfen

B

bailar	tanzen
bajarse	aussteigen
bajo	niedrig
banco	Bank (Geld)

bañarse	baden
baño	Bad, Toilette
barato	billig
barco	Schiff
bastante (Umst.)	ausreichend
basura	Abfall
basura	Müll
beber	trinken
bebida	Getränk
besar	küssen
besito	Kuß
beso	Kuß
bicicleta	Fahrrad
bien (Umst.)	gut
blando	weich
boda	Hochzeit
bolsa	Tüte
bonito	hübsch, schön
borde (m)	Rand
borracho	betrunken
bosque (m)	Wald
botella (w)	Flasche
botica	Apotheke
broma	Scherz
bucear	tauchen
bueno (Eig.)	gut
buscar	suchen

C

cabello	Haar
cada	jeder
cada vez	jedesmal
caer*	fallen
café (m)	Kaffee
caja	Kasse, Schachtel
calcular	rechnen
calidad (w)	Qualität
caliente	heiß, warm
callar(se)	schweigen
calle (w)	Straße
calor (m)	Hitze
cama	Bett
cámara fotográfica	Fotoapparat
cambiar (dinero)	umtauschen, wechseln (Geld)
caminar	gehen, wandern
camino	Weg
campamento	(Zelt)Lager
campo	Feld
canción (w)	Lied
cansado	müde
cantar	singen
cantidad (w)	Menge (Quantität)
caramelo	Bonbon
cárcel (w)	Gefängnis
cargar	tragen
cariñoso	herzlich
carne (w)	Fleisch
caro	teuer (Preis)
carretera	Landstraße
carro	Auto
carta	Brief
cartera	Tasche
casa	Haus, Wohnung
casado	verheiratet
casarse	heiraten
casi	fast
caso de emergencia	Notfall
castigar	bestrafen
castigo	Strafe
castillo	Burg, Schloß
catire	blond
caucho	Reifen
causa	Ursache
cazar	jagen
cédula de identidad	(Personal)Ausweis
celebrar	feiern
cena	Abendessen
centro	Zentrum
cerca de	bei (nahe)
cercano	nah
cerrar*	schließen
cerveza	Bier
chama	Mädchen
chamo	Junge
charlar	plaudern
cheque (m)	Scheck
cielo	Himmel
cierto	sicher
cigarrillo	Zigarette
cine (m)	Kino
cita	Verabredung
citarse	verabreden (sich)
ciudad (w)	Stadt
ciudadana	(Staats)Bürgerin
ciudadano	(Staats)Bürger
claro	hell

cobija	Decke (Bett)
cocina	Küche
cocinar	kochen
coleccionar	sammeln
colocar	stellen
color (m)	Farbe
comenzar*	beginnen
comer	essen
comercio	Handel
comida	Essen, Speise
como	wie (Bindew.)
¿cómo?	wie?
completo	ganz
complicado	kompliziert
compra	Einkauf
comprar	kaufen
computadora	Computer
comunicar	mitteilen
con	mit
condón (m)	Kondom
confianza	Vertrauen
confundir	verwechseln
conocer*	kennen
conseguir*	erreichen
consejo	Rat
construir*	bauen
consulado	Konsulat
contar*	erzählen; zählen
contento	zufrieden
contra	gegen
contrato	Vertrag
control (m)	Kontrolle
controlar	kontrollieren
convencer*	überzeugen
conversación (w)	Gespräch
conversar	unterhalten (sich)
corazón (m)	Herz
correcto	richtig
correo	Post(amt)
correr	laufen, rennen
cortar	schneiden
corto	kurz
cosa	Ding, Sache
coser	nähen
costa	Küste
costar*	kosten (Preis)
costumbre (w)	Brauch
creer*	glauben
crema	Creme
crimen (m)	Verbrechen
cruce (m)	Kreuzung
crudo	roh
cruzar	abbiegen, überqueren
cuadro	Bild (Gemälde)
¿cuál?	welcher?
cuando	wenn, als (zeitl.)
¿cuándo?	wann?
¿cuánto?	wieviel?
¿cuánto tiempo?	wie lange?
cuarto	Raum, Zimmer
cuchara	Löffel
cuchillo	Messer
cuenta	Rechnung
cuento	Geschichte (Erzähl.)
cuerda	Seil
cuero	Leder
cueva	Höhle
cuidado	vorsichtig
culebra (venenosa)	(Gift)Schlange
culpable	schuldig
cumpleaños (m)	Geburtstag
curioso	neugierig
curitas (w,Mz)	Heftpflaster
curva	Kurve

D

daño	Schaden
dar*	geben
dar* clases	unterrichten
dar* un paseo	spazierengehen
de	aus, von (Ort)
debajo de	unter
deber	dürfen, sollen; schulden
débil	schwach
decidir	entscheiden
decir*	sagen
declaración (w)	Zollerklärung
declarar	verzollen
dedo	Finger
defender*	verteidigen
dejar	lassen
delante de	vor (räuml.)
delgado	schlank
demasiado	zuviel
dentro	drinnen

deporte (m)	Sport
derecha	rechts
derecho	geradeaus; Recht
desaparecer*	verschwinden
desayunar	frühstücken
descansar	sich erholen
desconocido	unbekannt
descuento	Rabatt
desde	seit
desear	wünschen
desnudo	nackt
despacio	langsam
despedida	Abschied
despedirse	sich verabschieden
despegar	abfliegen
despertar*	wecken
despertarse*	aufwachen
después	danach
después de	nach, hinter
destino	Schicksal
destruir*	zerstören
desvestirse*	ausziehen (Kleidg.)
desviación (w)	Umleitung
detrás	dahinter, hinter
día (m)	Tag
diablo	Teufel
dialecto	Dialekt
diario	täglich
diccionario	Wörterbuch
diferencia	Unterschied
difícil	schwierig
dinero	Geld
dinero en efectivo	Bargeld
Dios (m)	Gott
dirección (w)	Adresse; Richtung
discoteca	Diskothek
disculparse	sich entschuldigen
disfrutar	genießen
divertido	lustig
divertirse*	sich vergnügen
documento	Dokument
doler	schmerzen
dolor (m)	Schmerz
¿dónde?	wo?
¿dónde, a ...?	wohin?
¿dónde, de ...?	woher?
dormir*	schlafen
dormitorio	Schlafzimmer
ducha	Dusche
dueño de la casa	Hausherr
dulce	süß
durar	dauern
duro	hart

E

edad (w)	Alter (Lebens-)
edificio	Gebäude
educación (w)	Erziehung
educado	höflich
efectivo, en ...	bar (Geld)
ejemplo	Beispiel
elección (w)	Wahl
embajada	Botschaft (dipl.)
embarazada	schwanger
empezar*	anfangen
en	in, bei (zeitl./Ort)
enamorarse	sich verlieben
encender*	anzünden
enchufe (m)	Steckdose
encontrar*	finden, (sich) begegnen
enemigo	Feind
enfermedad (w)	Krankheit
enfermo	krank
engañar	betrügen
ensalada	Salat
enseñar	lehren, zeigen
entender*	verstehen
entonces	also, dann
entrada	Eintritt, Eingang
entrar	eintreten
entre	innerhalb (zeitl.), zwischen
entregar	abgeben
entretanto	inzwischen
equipaje (m)	Gepäck
equivocarse	sich verirren
error (m)	Fehler, Irrtum
escalera	Treppe
esconder	verstecken
escribir	schreiben
escuchar	hören (zuhören)
escuela	Schule
espacio	Raum
España	Spanien
español	Spanier; spanisch
española	Spanierin

espejo	Spiegel
esperar	warten
esperar que	hoffen
esposa	Ehefrau
esposo	Ehemann
esquina	Ecke
esta (w)	diese
estacionamiento	Parkplatz
estacionar	parken (Wagen)
estadía	Aufenthalt
estampilla	Briefmarke
estar*	sein (Verb)
estar* de pie	stehen
estar* en/sobre	liegen
estar* sentado	sitzen
este (m)	dieser; Osten
esto	dieses (unpers.)
estudiar	studieren
Europa	Europa
europeo	europäisch
evitar	vermeiden
exacto	genau, richtig
exagerar	übertreiben
examen (m)	Prüfung
examinar	prüfen
excelente	ausgezeichnet
excepción (w)	Ausnahme
excepto	außer
excursión (w)	Ausflug
éxito	Erfolg
explicar	erklären
exportación (w)	Ausfuhr
exposición (w)	Ausstellung
extranjera	Ausländerin
extranjero	Ausländer; Ausland
extraño	fremd

F

fábrica	Fabrik
fácil	einfach (nicht schwierig)
falso	falsch
faltar	fehlen
familia	Familie
famoso	berühmt
farmacia	Apotheke
fecha	Datum, Termin
felicitar	gratulieren
feliz	glücklich
femenino	weiblich
feo	häßlich
ferrocarril (m)	Eisenbahn
ferry (m)	Fähre
fiebre (w)	Fieber
fiesta	Feier, Fest
fijo	fest
final (m)	Ende
fino	fein
firma	Unterschrift
firmar	unterschreiben
flaco	dünn
flirtear	flirten
flojo	faul (träge)
flor (w)	Blume
folleto	Prospekt
formulario	Formular
fósforo	Streichholz
foto	Fotografie
francés	Franzose; französisch
francesa	Französin
Francia	Frankreich
frase (w)	Satz (Grammatik)
frenar	bremsen
frente a	gegenüber
fresco	frisch, kühl
frío	kalt
frontera	Grenze (Landes-)
fruta	Frucht; Obst
fuego	Feuer
fuente (w)	Quelle
fuera	außen
fuerte	stark
fuerza	Kraft
fumar	rauchen
funcionario	Beamter

G

ganar	verdienen
ganas (w,Mz)	Lust
gas (m)	Gas
gasolina	Benzin
generoso	großzügig
gente (w)	Leute
gobierno	Regierung
golpear	schlagen

gordo	dick
gozar	genießen
gracias	danke
gramática	Grammatik
gramo	Gramm
grande	groß
grasa	Fett
gratuito	kostenlos
gripe (w)	Grippe
gritar	schreien
grosería	Schimpfwort
grupo	Gruppe
guerra	Krieg
guiar	führen
gustar	gefallen, mögen
gusto, con mucho ...	gern

H

haber*	haben (Hilfsverb)
habitación (w)	Zimmer
habitante (m)	Einwohner
hablar	reden, sprechen
hace	seit
hacer*	tun, machen
hacia	zu, nach (Richtung)
hacia atrás	zurück
hamaca	Hängematte
hambre (w)	Hunger
hasta	bis
hay	es gibt (unpers.)
hay que	man muß (unpers.)
hecho a mano	handgemacht
helado	(Speise)Eis
herida	Verletzung, Wunde
herido	verletzt
hielo	Eis (gefr. Wasser)
hierba	Gras
higiene (w)	Hygiene
hija	Tochter
hijo	Sohn
hilo	Faden
historia	Geschichte (Hist.)
hoja	Blatt
hombre (m)	Mann
hondo	tief
hora	Stunde
horario	Fahrplan
hospital (m)	Krankenhaus
hospitalidad (w)	Gastfreundschaft
hotel (m)	Hotel
hoy	heute
hueco	Loch
huésped (m)	Gast
huevo	Ei
húmedo	feucht

I

idioma (m)	Sprache
iglesia	Kirche
igual	gleich (egal)
imaginación (w)	Bild (Vorstellung)
imaginarse	sich vorstellen
importación (w)	Einfuhr
importante	wichtig
imposible	unmöglich
impuesto	Gebühr (Steuer)
incendio	Brand
incluso	sogar
industria	Industrie
información (w)	Auskunft
informar	benachrichtigen
informarse	sich erkundigen
Inglaterra	England
inglés	Engländer; englisch
inglesa	Engländerin
inmediato, de ...	gleich (sofort)
inocente	unschuldig
insecto	Insekt
inteligente	klug
intención	Absicht
intentar	versuchen
interesante	interessant
interesarse (por)	sich interessieren (für)
intermediar	vermitteln
internacional	international
intérprete (m+w)	Dolmetscher
invitación (w)	Einladung
invitar	einladen
inyectar	spritzen (Med.)
ir*	fahren, gehen
irse*	weggehen
isla	Insel
izquierda	links

J

jardín (m)	Garten
jefe (m)	Chef
joven	jung
jugar*	spielen
jugo	Saft
junto	zusammen
junto a	neben
justo	gerecht

L

lado	Seite (Richtung)
lado, al ... de	neben
lago	See, der
lámpara	Lampe
lancha	(Motor)Boot
lápiz (m)	Bleistift
largo	lang
lata	Dose
lavar	waschen
leer	lesen
lejos	fern, weit
lentes (w,Mz)	Brille
letra	Buchstabe
levantar	heben
levantarse	aufstehen
ley (w)	Gesetz
libertad (w)	Freiheit
libre	frei
librería	Buchhandlung
libro	Buch
limpiar	säubern
limpio	sauber
lindo	hübsch, schön
listo	fertig
liviano	leicht (nicht schwer)
llamar	rufen
llamar por teléfono	anrufen, telefonieren
llamarse	heißen
llave (w)	Schlüssel
llave del agua	Wasserhahn
llegada	Ankunft
llegar	ankommen
lleno	voll
llevar	tragen
llorar	weinen
lluvia	Regen
loco	verrückt
luego	dann
lugar (m)	Ort
luna	Mond
luz (w)	Licht

M

madera	Holz
madre (w)	Mutter
maduro	reif
maleta	Koffer
malo (Eig.)	schlecht, böse
mandar	schicken (senden)
manejar	fahren (Auto)
manera	Art und Weise
mano (w)	Hand
mañana	morgen; Morgen, Vormittag
mapa (m)	Landkarte, Stadtplan
máquina	Maschine
mar (m)	Meer
maravilloso	wunderbar
más	mehr; über (zeitl.)
más o menos	ungefähr
matar	töten
matrimonio	Ehepaar
medianoche (w)	Mitternacht
medicina	Medikament
médico	Arzt
medio	halb
medio ambiente	Umwelt
mediodía (m)	Mittag
mejor	besser
mejorar	verbessern
menos	weniger
mentir*	lügen
menudo, a ...	oft
menú (m)	Speisekarte
mercado	Markt
mercancía	Ware
mes (m)	Monat
mesa	Tisch
mesonero	Kellner
miedo	Angst
mientras	während
minuto	Minute

miserable	elend
mismo	selbst
mitad (w)	Hälfte
moda	Mode
mojado	naß
molestar	belästigen
molestar	stören
montaña	Berg
monumento	Denkmal
morir*	sterben
morral (m)	Rucksack
mosquitero	Moskitonetz
mostrar*	zeigen
moto (w)	Motorrad
motor (m)	Motor
muchacha	Mädchen
muchacho	Junge
mucho	viel
muerto	tot
mujer (w)	Frau
mundo	Welt
museo	Museum
música	Musik
muy	sehr

N

nacido	geboren
nacionalidad (w)	Staatsangehörigkeit
nada	nichts
nadar	schwimmen
nadie	niemand
natural	natürlich (n. künstl.)
naturaleza	Natur
necesario	notwendig
necesitar	brauchen
negocio	Geschäft (Tätigk.)
nevera	Kühlschrank
ningún	kein
ninguna (w)	keine (Ez)
ninguno (m)	keiner
niña	Kind, Mädchen
niño	Kind, Junge
no	nicht, nein
noche (w)	Abend, Nacht
nombre (m)	Vorname
normal	normal
norte (m)	Norden
noticia	Nachricht
nube (w)	Wolke
nuevo	neu
número	Nummer
nunca	niemals

O

o	oder
occidental	westlich
oeste (m)	Westen
ofender	beleidigen
oficina	Büro
ofrecer*	anbieten
oír*	hören
olla	Topf
olor (m)	Geruch
olvidar	vergessen
opinión (w)	Meinung
orden (m)	Ordnung
organizar	organisieren
órgano	Organ
origen (m)	Ursprung
orilla	Ufer
oro	Gold
oscuro	dunkel
otra vez	noch einmal, wieder
otros	andere

P

paciencia	Geduld
paciente (m+w)	Patient
padre (m)	Vater
padres (m,Mz)	Eltern
pagar	(be)zahlen
país (m)	Land
paisaje (m)	Landschaft
pájaro	Vogel
palabra	Wort
palacio	Palast
paludismo	Malaria
pan (m)	Brot
papel (m)	Papier
paquete (m)	Paket
paquetico	Päckchen
par (m)	Paar
para	für, um zu ...; nach (Richtung)
para eso	dafür (Zweck)

para que	damit (um zu)
¿para qué?	wofür?
parada	Haltestelle
paraguas (m,Mz)	Regenschirm
parar	anhalten
parecido	ähnlich
pared (w)	Wand
parque (m)	Park
partes, en todas ...	überall
partido	Partei
partir, a ... de	ab (zeitl.)
pasado mañana	übermorgen
pasaje (m)	Fahrkarte
pasaporte (m)	Paß
pasar	passieren, geschehen
pasta de dientes	Zahnpasta
pastilla	Tablette
patio	Hof
pausa	Pause
paz (w)	Frieden
pedido	Bestellung
pedir*	bestellen
pegar	schlagen
peinarse	kämmen (sich)
pelear	streiten
película	Film (Kino)
peligroso	gefährlich
pelo	Haar
pensar*	denken
peor	schlechter
pequeño	klein
perder*	verlieren (Dinge)
perdonar	verzeihen
periódico	Zeitung
permiso	Erlaubnis
permitir	erlauben
pero	aber
persona	Person
pesado	schwer
pescado	Fisch (Speise-)
peso	Gewicht
pez (m)	Fisch
picante	scharf
pichirre	geizig
pie (m)	Fuß
pie, a ...	zu Fuß
piedra	Stein
pieza	Stück
pila	Batterie
pintar	malen
piropo	Kompliment
piscina	Swimmingpool
piso	Etage; Boden
plan (m)	Plan
planta	Pflanze
plata	Geld, Silber
plato	Teller
playa	Strand
plaza	Platz (Stadt)
pobre	arm
poco	wenig
poco, un ...	bißchen
poder (m)	Macht
poder*	können, dürfen
podrido	faul (Obst)
policía	Polizei
política	Politik
polvo	Staub
pomada	Salbe
poner*	legen
poner* gasolina	tanken
por	aus, wegen
por eso	deshalb, darum
por fin	endlich
por la mañana	vormittags
¿por qué?	warum?
porque	denn, weil
posible	möglich
posición (w)	Lage (geogr.)
postal (w)	Postkarte
practicar	üben
precio	Preis
precio del viaje	Fahrpreis
pregunta	Frage
preguntar	fragen
prejuicio	Vorurteil
prensa	Presse
preocuparse	sich sorgen
preparar	vorbereiten
presentar	vorstellen (jmdn.)
presentarse	sich vorstellen, sich bekanntmachen
prestar a	verleihen an jmdn.
prestarse	sich leihen (von)
privado	privat
probar*	kosten (probieren)
problema (m)	Problem

profesión (w)	Beruf
programa (m)	Programm
prohibido	verboten
prometer	versprechen
pronto	bald
pronunciación (w)	Aussprache
propiedad (w)	Eigentum
propietaria	Besitzerin
propietario	Besitzer
propina	Trinkgeld
propio	eigen
proponer*	vorschlagen
protección (w)	Schutz
próxima, la ... vez	nächstes Mal
prueba	Beweis
público	öffentlich
pueblo	Dorf; Volk
puente (m)	Brücke
puerta	Tür
puerto	Hafen
puntual	pünktlich

Q

que	daß
que	als (Vgl.)
¿qué?	was?
quedar bien	sitzen (passen: Kleidung)
quedarse	bleiben
quemar	(ver)brennen
querer*	mögen, lieben, wollen
¿quien?	wer?
quizás	vielleicht

R

rabia	Wut
rabioso	wütend
radio (m)	Radiogerät
radio (w)	Radio (Medium)
rápido	schnell
raro	selten
rebaja	Ermäßigung
recibir	bekommen
recibo	Quittung
reclamar	sich beschweren
recomendar*	empfehlen
recto	geradeaus
recuerdo	Andenken
regalar	schenken
regalo	Geschenk
regatear	feilschen
región (w)	Gegend
registrar	registrieren
regreso	Rückkehr
reír* (de algo)	lachen (über etwas)
reloj (m)	Uhr
remolcar	abschleppen
reparación (w)	Reparatur
reparar	reparieren
repente, de ...	plötzlich
repetir	wiederholen
repuesto	Ersatzteil
reservar	reservieren
resfriarse	sich erkälten
responder	antworten
respuesta	Antwort
restante	übrig
restaurante (m)	Restaurant
retrasarse	sich verspäten
retrato	Fotografie
revisar	prüfen
revista	Zeitschrift
rico	reich
río	Fluß
robar	stehlen
robo	Einbruch, Diebstahl, Raub
rodeo	Umweg
rogar	bitten
rollo	Film (Kamera)
rollo de color	Farbfilm
romper	kaputtmachen
ron (m)	Rum
ropa	Kleidung
ropa de cama	Bettwäsche
roto	kaputt
rueda	Rad
ruego	Bitte
ruido	Lärm

S

saber*	wissen
sabroso	schmackhaft
sal (w)	Salz

salario	Lohn (Gehalt)
salida	Ausgang, Ausreise
salir*	abreisen, abfahren
salud (w)	Gesundheit
saludar	(be)grüßen
salvaje	wild
sangre (w)	Blut
sanitario	Toilette
sano	gesund
satisfecho	satt
se	man
seco	trocken
secreto	geheim
sed (w)	Durst
seda	Seide
seguida, en ...	sofort
seguir*	folgen
segundo	Sekunde
seguro	Versicherung; sicher
semáforo	Ampel
semana	Woche
sentarse*	sich setzen
sentido	Sinn
sentimiento (m)	Gefühl
sentir*	sich fühlen
ser*	sein (Verb)
ser* humano	menschlich sein
ser humano (m)	Mensch
si	ob, wenn, falls
sí	ja
siempre	immer
sierra	Gebirge
significar	bedeuten (heißen)
silencioso	leise
simpático	nett
sin	ohne
sinvergüenza	unverschämt
sitio	Stelle (Ort)
sitios de interés (m)	Sehenswürdigkeiten
sobre	über (örtl.)
sobre (m)	Briefumschlag
sobre, en ...	auf
sociedad (w)	Gesellschaft
sol (m)	Sonne
solo (Eig.)	nur, allein
soltero	ledig
sombra	Schatten
sonreír*	lächeln
soñar*	träumen
sopa	Suppe
sorpresa	Überraschung
suave	weich
subir	einsteigen
suceso	Ereignis
sucio	schmutzig
sudar	schwitzen
sueldo	Lohn (Gehalt)
suerte (w)	Glück
suerte, mala ...	Pech
suficiente	genug
suiza	Schweizerin
Suiza	Schweiz
suizo	Schweizer; schweizerisch
suma	Summe
suponer*	vermuten
sur (m)	Süden (Richtung)

T

tabaco	Tabak
tacaño	geizig
tal	solch
tal vez	vielleicht
talla	Größe (Kleidg. u.ä.)
también	auch
tampoco	auch nicht
tapa	Deckel
tarde	spät
tarde (w)	Nachmittag
tarifa	Gebühr
taxi (m)	Taxi
taza	Tasse
té (m)	Tee
teatro	Theater
techo	Dach
tela	Stoff
teléfono	Telefon
televisor (m)	Fernsehgerät
temprano	früh
tenedor (m)	Gabel
tener*	haben (besitzen)
tener* cuidado con	aufpassen
tener* frío	frieren
tener* ganas (de)	Lust haben (zu)
tener* miedo	sich fürchten (vor)
tener* que	müssen
tener* sed	Durst haben

terminal (m)	Bahnhof
terminar	aufhören
terreno	Gelände
terrible	schrecklich
ticket (m)	Flugticket
tiempo	Zeit; Wetter
tienda	Geschäft (Laden)
tierra	Erde
tijera	Schere
timbre (m)	Klingel
tirar	schießen
toalla	Handtuch
todavía	noch
todo	alles
tomar	trinken; nehmen
tomar fotos	fotografieren
tonterías (w,Mz)	Quatsch
tonto	dumm
tormenta	Gewitter
torre (w)	Turm
trabajar	arbeiten
trabajo	Arbeit
tradición (w)	Tradition
traducir*	übersetzen (Sprache)
traer*	bringen
tráfico	Verkehr
traje de baño (m)	Badeanzug, -hose
tranquilidad (w)	Ruhe
transferencia	Überweisung
trapo	Lappen
tratar	behandeln (Krankheit)
través, a ... de	durch (quer)
tren (m)	Zug
triste	traurig
trozo	Stück
turista (m+w)	Tourist(in)

U

último	letzter
universidad (w)	Universität
uno	man
uno a otro	einander
unos	einige, paar
urgente	dringend
usar	benutzen
Usted(es) (Ez/Mz)	Sie (Anrede)
usual	üblich
utilizar	nutzen

V / Y

vacaciones (w,Mz)	Ferien, Urlaub
vacío	leer
vacunar	impfen
válido	gültig
valle (m)	Tal
vaso	(Trink)Glas
veces, a ...	manchmal
vecino	Nachbar
vehículo	Fahrzeug
vender	verkaufen
veneno	Gift
venezolana	Venezolanerin
venezolano	Venezolaner; venezolanisch
Venezuela	Venezuela
venir*	kommen
ventana	Fenster
ver*	sehen
verdad (w)	Wahrheit
verdadero	wahr
verduras (w,Mz)	Gemüse
vez (w)	Mal
vez, una ...	einmal
viajar	reisen
viaje (m)	Reise
viaje de vuelta (m)	Rückfahrt
vida	Leben
vidrio	Glas (Material)
viejo	alt
viento	Wind
vigilar	bewachen
vino	Wein
violar	vergewaltigen
visita	Besuch
visita guiada	Führung
visitar	besichtigen; besuchen
vista	Aussicht
vivir	leben, wohnen
volar	fliegen
vomitar	sich erbrechen
voz (w)	Stimme
y	und
ya	schon